요한 1, 2, 3서
하나님은 사랑이시라

이효삼 지음

LIVING IN FAITH SERIES
1, 2, 3 JOHN

Copyright © 2006 by Cokesbury

All rights reserved.

No part of this work may be reproduced or transmitted in any form or by any means, electronic or mechanical, including photocopying and recording, or by any information or retrieval system, except as may be expressly permitted in the 1976 Copyright Act or in writing from the publisher. Requests for permission should be addressed in writing to Permissions Office, 201 Eighth Avenue, South, P. O. Box 801, Nashville, TN 37202, or faxed to 615-749-6512.

Scripture quotations in this publication, unless otherwise indicated, are taken from THE HOLY BIBLE with REFERENCE Old and New Testaments New Korean Revised Version © Korean Bible Society 1998, 2000. Used by permission by Korean Bible Society. All rights reserved.

Writer: Hyo-Sam Lee
Cover credit: © Kerric James/Getty Images

Cokesbury

Nashville
MANUFACTURED IN THE UNITED STATES OF AMERICA

차 례

제1과 사랑과 신앙 ··· 5

제2과 사랑과 사귐 ··· 8

제3과 사랑과 빛 ·· 17

제4과 사랑과 영생 ·· 26

제5과 사랑과 하나님 ·· 35

제6과 사랑과 계명 ·· 42

제7과 사랑과 진리 ·· 50

제8과 사랑과 증거 ·· 58

제1과
사랑과 신앙
요한 1, 2, 3서의 개론

1. 성경 이해

사랑하는 자들아 하나님이 이같이 우리를 사랑하셨은즉 우리도 서로 사랑하는 것이 마땅하도다 (요한1서 4:11).

하나님의 사랑으로 구원받았으니
우리도 형제자매를 사랑하자!

하나님은 사랑이시다! 그래서 기독교는 사랑의 종교다. 만일 우리가 이 사랑만 안다면, 하나님과 기독교를 아는 것이요, 이 사랑을 모른다면, 신학을 전공하고 교회를 오래 다녔어도 하나님을 모르는 사람이 된다.

초대교부인 제롬(Jerome)은 사도 요한에 관해 이런 말을 전한다. 요한이 에베소에 머물 때, 나이가 몹시 많아 겨우 제자들의 팔에 매달려 교회에 출석했는데 요한의 말은 "형제들이여 서로 사랑하자!"가 고작이었다. 교우들이 늘 같은 말에 싫증나서 "사도님, 어찌하여 똑같은 말씀만 하십니까?"라고 질문하면 요한은 "주께서 가르치신 명령이다. 이것만 행한다면 넉넉하다"라고 답하였다. 이렇게 말년의 요한은 과연 "사랑의 사도"라 불릴 만큼 "주님처럼 사랑하라"는 계명 외에는 강조한 것이 없었다.

요한복음과 요한1서, 요한2서, 요한3서는 "생명," "빛과 어둠," "영생," "거하다" 등 같은 용어들을 많이 사용한다. 왜 초대교부들은 요한서신을 정경 66권에 포함시켰을까? 그 이유는 요한복음이 믿음을 강조했다면, 후기 요한 (요한서신)은 사랑을 강조하면서 "믿음과 사랑"을 합쳐 동시에 말하기 위함이었다. 요한복음은 "믿음으로 영생"을 말하는데, 후기 요한은 "형제사랑으로 영생"을 말하며 "예수 믿음과 형제자매 사랑"을 합쳐서 동시에 말한다.

요한복음 3:16과 5:24와 같은 구절은 우리가 어려서부터 밑줄을 그은 본문들이다. 그러나 오르띠즈 (Ortiz) 목사님은 *제자입니까?* 에서 그런 구절들로만 성경을 제한하고 조직신학을 만들어 낸 것을 "내가복음서" 또는 "제5복음서"라고 말하며, 자기가 받을 축복만을 생각하며 특별한 구절들을 따르는 사람들을 "내가복음주의자"라고 부른다. 그들은 주님이 요청한 사랑실천과 헌신의 말씀들을 외면하고, 자기 좋아하는 말씀들만을 주장하기 때문이다. 게다가 그와는 다른 내용의 말씀에는 눈감아 버린다.

이제까지 "믿음으로 영생!"만 알고 있던 사람들에게 이 같은 말씀은 우리의 이원론적이고, 편협한 신앙이 문제가 됨을 보여준다. 부분이 아니라 전체를 보자. 믿는 자에게 영생이 주어지는데, 무엇을 통한 영생이냐고 묻는다면, 바로 "믿음과 사랑이" 합쳐진 것이라고 요한은 답한다.

요한사상의 핵심은 기독론, 구속론, 사랑론이다.
그의 모든 사상은 그리스도, 인자, 아들, 말씀 등의 기독론에서 출발하여 자연히 믿음, 은혜, 생명, 영생, 진리 등의 구속론과 연관되며, 그것은 성도의 삶을 특징짓는 사랑론으로 맺게 된다.

그래서 요한은, 자기들만이 하나님을 아는 지식을 가진 특별한 영적 그룹이라고 내세우는 영지주의자들을 경계한다. 영지주의자들은 자기들만이 "빛 가운데 있고, 하나님과 사귐이 있고, 죄가 없다"고 했다. 그들은 영이 최고이고 육은 무익하며 (이원론), 육신을 입고 온 예수는 가짜 (가현설)라서 그리스도가 아니고, 부활은 없다고 했다. 영이신 하나님만 사랑할 것이지, 눈에 보이는 형제사랑 같은 것은 육적인, 물질적인 것이라 무익하다고 강조했다. 요한서신은 이렇게 교리를 남발하여 성도들을 혼란하게 하는 영지주의 이단자들을 논박한다.

요한서신이 전체적으로 강조하는 사랑의 주제는 다음과 같다. 요한1서 1장: 사랑의 "하나님과 사귐이 있다"는 자들은 죄를 자백하고 빛 가운데 행하라고 말한다. **요한1서 2장:** "빛 가운데 행하는 자는 형제를 사랑하는 것"이라고 말한다. **요한1서 3장:** "형제사랑으로 사망에서 생명으로 옮겨지는 것을 우리가 아는 바"며, 믿노라 하면서 "형제를 미워하는 자는 영생이 그 속에 없다"며 '예수믿음과 서로사랑'의 계명을 지키라 한다. **요한1서 4장:** 육체로 오신 예수님을 그리스도로 시인하는 자들은, 하나님은 사랑이시기에 우리를 먼저 사랑하셔서 독생자를 화목제물로 주시며 구원하셨듯이, 형제자매를 사랑하자고 한다. **요한1서 5장:** 하나님을 사랑하는 것은 형제자매를 사랑하라는 계명을 지키는 것이라고 말한다.

요한2서: 계속 형제자매의 사랑을 강조하여 계명대로 진리 가운데서 사랑을 행하라고 한다.

요한3서: 그래서 진리 가운데서 사랑을 증거한 가이오를 본받으라고 말한다!

제2과
사랑과 사귐
요한1서 1장

1. 성경 이해

우리가 보고 들은 바를 너희에게도 전함은 너희로 우리와 사귐이 있게 하려 함이니 우리의 사귐은 아버지와 그의 아들 예수 그리스도와 더불어 누림이라 (요한1서 1:3).

사랑의 하나님과 사귐이 있으려면!

초대교부들이 사도 요한의 저작임을 인정하는 요한1서는 "사랑의 에세이" 또는 "진리의 변론서"로서, 요한복음의 공통된 내용과 사상을 이으며 (1:1-4; 4:2), 하나님 사랑의 아름다운 구원론과 그리스도인들의 사랑실천을 보충하여 완전하게 한다 (3:14-16, 23).

기록연대는 요한복음을 쓴 몇 년 후인 주후 90-110년 경에 에베소에서 기록된 것으로 추정된다. 수신자는 에베소를 중심한 소아시아의 교회들이다.

기록목적은 육체로 오신 예수님이 바로 그리스도라는 교회 전통적 그리스도론을 확립하면서 (2:24) 자기들도 성령의 영향 하에 있다고 (4:1) 강조하기 위함이다. 그리스도께서 육체로 오심을 부인하는 잘못된 교리로 성도들을 혼란에 빠뜨리는 거짓 교사들의 영지주의 사상을 경계하고, 또 논박하기 위함이다. "사랑의 사도" 요한은 그의 목회를 통하여 사랑 안에서 교회와 성도들이 견고히 서서 주 안에 거할 것을 권면하며, 그리스도를 본받아 사랑하기 위해 죄의 성결, 의의 실천, 형제사랑, 거짓 영들 분별, 사랑의 계명을 이행하도록 신앙지침을 제시한다.

영지주의 이단들은 가현설(Docetism), 즉 예수님은 인간이 아니라 영이라는 초기기독교 일파의 믿음을 가졌다. 따라서 요한은 "태초부터 들었던" 말씀대로 육체적 인간 예수는 바로 하나님의 아들이며, 그의 죽음과 부활에 의한 구원을 믿어야 하고, 영지주의자들이 행치 못하는 "서로 사랑하라!"는 계명을 실천하라고 한다. 하나님은 사랑이시기에 행함과 진실함으로 형제사랑을 하지 않고는 예수를 진정 믿는다고 말할 수 없다고 거듭 강조한다.

〈요한1서의 전체적인 개요〉

하나님	하나님은 빛이시라		하나님은 사랑이시라		
구성	1:1-10	2:1-29	3:1-24	4:1-21	5:1-21
주제	하나님과 사귐	사랑과 빛	사랑과 영생	사랑과 하나님	사랑과 계명
생활	사귐의 생활—빛의 생활		사랑의 생활—앎의 생활		
그리스도	그리스도의 화목제의 중보		그리스도의 화목제의 사랑		
요절	예수 믿고 서로 사랑하라 (요한1서 3:23)				
핵심 단어	알다, 사랑, 아들, 사귐, 어두움, 빛, 영생, 영, 쓰다, 계명, 아버지, 자녀들아, 믿다.				

요한은 사도들이 전파한 복음과 교훈을 굳게 지키며, 의와 사랑을 구체적으로 실천하면서 하나님과의 참 사귐의 관계(죄를 자백하고 회개함으로)를 유지하고, 주께로부터 오는 영적 기쁨과 확신을 소유하라고 권면한다.

I. 성도의 생명과 사귐 (1:1-4)

서론(1:1-4)에서 요한은 자신의 신앙체험(성육신한 예수님 체험)을 직접 증거하며 기록한 목적을 밝힌다.

1) 영원한 생명을 보았고 (1:1-2)

요한1서는 "태초부터 있는 생명의 말씀에 관하여는" (1절) 라고 말함으로써, 생명으로 나타나신 예수님으로 시작해서 생명으로 마친다 (5:20). 이 서론은 생명이란 주요 주제를 위해 요한복음 1:1-18에서 이미 익숙하게 잘 알고 있는 자료를 이용한다. 바로 성육신 사상과 "처음부터 있던" 전통이다. "생명의 말씀"(1:1)은 태초 전부터 존재하고, 참 하나님이시며 동시에 참 인간 예수님의 인격을 통해 실체로 나타난 성육신을 말한다. 그리고 새 계명이면서 옛 계명인 서로 사랑하라(3:11)는 내용도 "태초부터" 있는 것들이다. 그의 나타나심(2절)은, 영원한 생명으로 (1:2), 강림하심으로 (2:28), 성도가 그가 계신 그대로 볼 수 있게 (3:2), 죄를 없이하려고 (3:5), 마귀의 일을 멸하려고 (3:8) 나타나신 것이다.

이 생명의 말씀은 목격자들에 의해 증거 전달되고, 아버지와 아들과 성도 간의 교제의 기쁨을 갖게 하며, 영생의 기쁨이 충만하게 한다.

요한서신에서 "영생"이란 무엇일까? 먼저, 예수님을 말하며 (1:2; 5:20), "약속하신" 영원한 생명이다 (2:25). 또 이는 형제를 사랑할 때 거하며 (3:14-15), 또 아들의 이름을 믿어야 얻는 것이다 (5:11-13). 즉 영생이란 예수님인데, 예수님 믿고 서로 사랑할 때 우리는 영원한 생명을 누리게 된다.

"우리가 들은 바요 눈으로 본 바요 자세히 보고"(1절)는 생명의 말씀인 예수 그리스도를 직접 경험한 요한과 제자들이며, "거짓 교사들"과 대칭되는 무리들이다.

요한은 다음과 같은 내용들을 알려주려고 서신을 썼다. 예수를 믿는 이들에게 기쁨이 충만하게 하려고 (1:4), 죄를 범하지 않게 (2:1) 하려고, 예수의 이름으로 죄사함을 얻게 하려고 (2:12), 자녀들이 아버지를 알게 하려고 (2:14 상반절), 아비들이 태초부터 계신 이를 알게 하려고 (2:14 중반절), 청년들이 강하고 하나님의 말씀에 거하고 흉악한 자를 이기게 하려고 (2:14 하반절), 진리를 알게 하려고 (2:21), 미혹하게 하는 자들을 조심하게 하려고 (2:26), 영생이 있음을 알게 하려고 (5:13) 썼다.

2) 우리와 사귐이 있게 하려 함 (1:3-4)

보고 들은 바를 전하는 이유는 "너희로 우리와 사귐이 있게 하려 함"이다 (3절). 사귐이란 "코이노니아"(헬라어)로서 공동체의 삶에 함께 참여하여 동료의식을 가지고 교제를 나눈다는 뜻이다. 그리스도에 대한 공동의 신앙고백과 성령의 인도하심에 의한 사귐이 있는 자는 아버지와 아들과 형제자매들과 함께하는 사귐을 갖는다. 그때 기쁨이 충만하게 된다.

II. 하나님은 빛이시라 (1:5-10)

1) 하나님은 빛이시라 (1:5)

이어 성도의 사귐의 근거(1:5-2:17)를 밝힌다. 사귐의 목적은 성도들이 빛 가운데 행하며 (1:5-7), 죄를 자백하며 (1:8-2:2), 계명을 지키며 (2:3-6), 서로 사랑하도록 (2:7-14) 하는 것이다. 그 사귐은 어두운 데 있지 않다. 사귐은 죄를 자백하고 빛 가운데 행하는 데서 온다. 왜냐하면 하나님은 빛이시기 때문이다. 듣고 전하는 소식은 "하나님은 빛"이시다 (5절). 그의 속성은 빛이시다. 어둠이 조금도 없으시다. 빛은 전혀 흠이 없으신 그의 완전하신 거룩함을 상징한다. 하나님과의 사귐은 사람이 빛 안에서 살아가도록 만든다. "하나님은 빛"이시다 (1:5). 그러므로 "빛 가운데 있다 하면서 그 형제를 미워하는 자는…어둠에 있는 자"(2:9)이다. "하나님은 사랑"이시다 (4:8). 그러므로 "하나님을 사랑하노라 하고 그 형제를 미워하면" (4:20), 그는 거짓말 하는 자이다. 즉 둘 다 형제 사랑에 귀착된다.

2) 만일 우리가 (1:6-10)

1장에서 "만일 우리가" 라는 말이 네 번이나 나오는데, "만일 우리가 하나님과 사귐이 있다 하고 어둠에 행하면" (6절), "만일 우리가 죄가 없다고 말하면" (8절), "만일 우리가 우리 죄를 자백하면" (9절), "만일 우리가 범죄하지 아니하였다 하면" (10절) 등은 모두 같은 의미이다. 사귐과 자백, 어둠에 행함과 죄를 시인하지 않음과 같은 것이다. 그리고 진리와 거짓, 빛과 어둠, 그리고 사귐과 죄는 서로 대조되는 표현이다.

7절에서 "…것 같이"(그를 본받아, imitating Him)는, 그가 빛 가운데 계신 것 같이 우리도 빛 가운데 행하자 (1:7), 그의 깨끗하심과 같이 우리도 자기를 깨끗하게 하자 (3:3), 그의 의로우심과 같이 우리도 의롭자 (3:7), 그가 우리를 위해 목숨을 버린 것 같이 우리도 형제들을 위하여 목숨을 버리자 (3:16), 하나님이 이같이 우리를 사랑하셨은즉 우리도 서로 사랑하자 (4:11) 라는 뜻이다. 우리가 빛 가운데 행하면, 성도 간에 서로 사귐이 있고, 성화된 삶을 살게 된다. 만일 우리가 하나님과 사귐이 있다 하고 어둠 가운데 행하면, 즉 죄가 없다고 말하면, 우리는 거짓말하는 자로 스스로 속이며, 하나님을 거짓말하는 자로 만들며, 진리에 속하지 않고, 그의 말씀이 우리 속에 거하지 않는다.

요한서신에서 말하는 거짓말하는 자가 누구인가? 하나님과 사귐이 있다 하고 어둠에 행하는 자요 (1:6), 범죄하지 아니하였다고 하는 자요 (1:10), 예수께서 그리스도이심을 부인하는 자요 (2:22), 하나님을 사랑하노라 하고 그 형제를 미워하는 자요 (4:20), 하나님을 믿지 아니하는 자요…하나님께서 그 아들에 대하여 증언하신 증거를 믿지 아니하는 자가 (5:10) 거짓말하는 자이다.

6절의 "진리"(truth, 6절; 요한복음 17:17)는 하나님의 자기계시, 즉 말씀을 말한다. 9절의 "미쁘시고"(he who is faithful)는 그의 피로 우리를 모든 죄와 불의에서 깨끗하게 하시는 성실하심(faithful)을 뜻한다. 또 "의로우사"(just)라는 말은 의로우신 하나님, 의로우신 예수 그리스도 (2:1), 의를 행하는 자로서 그의 의로움 같이 의로워지는 자(3:7)를 뜻한다. 9절의 "깨끗하게 하실"이란 말은 (cleanses) 희생제물의 정결을 위해 쓰이는 단어다.

하나님과 사귐이 있으려면, 죄를 자백해야 한다. 그것이 빛(하나님)이신 하나님과 사귀고, 빛 (하나님) 가운데 행하는 첫 번째 길이다.

2. 생활 속의 이야기

운명이 바뀐 사람들!

4월 29일 로스앤젤레스 폭동 이후, 한인들이 많은 괴로움을 당했지만, 여전히 묵묵히 선한 이웃으로 사는 분들이 참 많다. 여러 해 전 흑인강도들에 의해 안타깝게 죽임당한 홍정복 성도는 흑인 이웃들에게 "코리안 마마"라고 불리는 아름다운 기독인이다. 그분의 장례식에는 흑인 200여명을 비롯해 300여명이 참석하여 조의를 표했다. 이어서 각종 언론에는 코리안 마마가 살아온 아름다운 이야기가 기사화되어 실렸다. 지역주민들이 그분의 죽음을 애도하며 이런 글로 추모했다.

―사랑하는 마마에게 안녕을 고하며―

"굿바이 마마, 지금은 당신이 최선을 다해 성실하게 살던 이 세상에서 쉴 때가 되었습니다. 우리에게 친구가 필요할 때 마마는 언제나 우리 곁에 있었습니다. 마마는 우리들에게 필요한 것을 주기 위해 온몸을 바쳤습니다. 우리들의 말에 늘 귀 기울였던 마마의 이마에 흐르는 땀에서 우리는 한없는 사랑을 느꼈습니다. 당신의 다정한 손길, 편안한 마음가짐은 우리에게 더없이 소중한 것이었습니다. 그러나 지금 마마는 우리에게서 멀리 있습니다. 우리는 말로 이루 표현할 수 없을 정도로 당신을 그리워하고 있습니다. 우리는 언제나 마마를 사랑할 것이고, 하나님도 언제나 마마를 사랑할 것입니다. 부디 편안히 잠드소서. 모든 것이 자유로운 저 세상에서…."

자신만을 위해 살던 사람들이 남의 생명을 위해서 기도하고 전도하며, 사랑하며 살았던 홍정복 성도처럼 될 때, "예수님을 믿고 운명이 바뀌진 사람들"이라고 보는 것이다. 2천 년 전, 예수님의 제자들이 그랬다.

3. 묵상을 위한 질문

(1) 사귐이란 무엇인가?
(2) 아래의 글을 읽고, 당신은 하나님과 사귀려고 무엇을 어떻게 하는지 서로 나누어 보라.

그리스도의 십자가로 하나님은 인간들과 긴밀히 결합되었다. 인간과 결합된 하나님과 더불어 있기 위해:
a) 성도는 형제의 죄짐을 져야 한다. 그 이유는 첫째, 예수께서 "나"의 죄짐을 져주셨기에 "나"도 형제의 죄짐을 져야 한다. 둘째, 그리스도가 형제의 죄짐을 지고 그 형제와 뗄 수 없이 결합되어 있으므로 나도 그 형제와의 사귐에서 벗어날 수 없다.
b) 성도는 영적 사귐을 가져야 한다. 성도의 사귐은 그리스도를 사이에 두고 사귀는 사귐이다. 따라서 성도의 영적 사귐은 나와 너 사이에서 직접 관계를 추구하는 자연적 사귐과 다르다. 영적 사귐에서는 자신의 사랑으로 형제를 지배하려는 노력을 포기하고 그 형제를 그리스도의 말씀에 맡긴다. 영적 사귐에서는 그리스도만이 다른 형제를 구원할 수 있고, 형제가 그리스도에게 맡겨져 있고 그리스도와 결합되어 있다는 신앙고백이 견지된다. 성도의 사귐

은 하나님의 선물이다. 사귐에 대한 인간적인 기대와 꿈이 깨질 때 비로소 성도의 사귐은 동터오며, 감사히 받을수록 사귐은 자란다. 하나님의 선물과 성도의 실질적 사귐은 매우 강력해서 그런 사귐의 공동체는, 죽을 때에도 나 홀로 죽지 않고 그리스도와 성도들의 공동체가 나와 함께 고난 받고 함께 죽는다(요한1서 3:16)는 고백을 한다. 교회공동체적 사귐의 가장 깊은 신비는 그리스도의 능력을 힘입어 사죄할 수 있는 사제적 전권을 가지고 서로 사죄할 수 있다는 데 있다. 또 형제 앞에 죄를 고백하는 겸허 속에서, 영적으로 깊은 굴욕의 아픔 속에서 선다는 것은 '하나님 앞에 선다'는 의미다. 죄를 고백함으로써 자기 정당화의 마지막 노력이 포기되고 예수 그리스도의 십자가의 사귐에로 뚫고 들어가기 때문이다.

(본회퍼 교회론 중에서)
—*박재순, 하나님 없이 하나님 앞에 (한울)*

4. 결단에의 초청

하나님과 사귐이 있으려면, 하나님 앞에서 죄를 자백해야 합니다. 예수 그리스도 안에서 죄를 자백하며 용서받는 체험을 합시다. 예수님은 화목제물이십니다.

제3과
사랑과 빛
요한1서 2장

1. 성경 이해

그의 형제를 사랑하는 자는 빛 (하나님) 가운데 거하여 자기 속에 거리낌이 없으나 (요한1서 2:10).

사랑하는 자는 빛 가운데 거한다!

첫째로, 빛 (하나님) 가운데 행하는 길은 죄를 자백하는 것이다 (1장). 둘째로, 빛 (하나님) 가운데 행하는 길은 하나님의 계명을 지키는 것, 즉 서로 사랑하는 것이다 (2장). 하나님과 사귀면서 빛 가운데 행하는 이들은 곧 형제 자매들을 사랑하는 사람들이다. 죄를 자백하는 것과 빛 가운데 행하는 것은 뗄 수 없는 것이다. 그리스도를 믿는 것과 성도를 사랑하는 것은 뗄 수 없는 관계다.

2장에서 사귐은 죄를 자백하며 (1-2절), 계명을 지키며 (3-6절), 서로 사랑하는 (7-14절) 것이다. 이제 성도들에게는 썩어질 세상의 정욕(15-17절)과 적그리스도의 가르침을 특별히 경계하고 (18-23절) 기름 부음 받아 주 안에 거하고 (24-27절), 강림 때까지 의를 행할 (28-29절) 신성한 책무가 부여된다. 죄를 자백하고, 계명을 지키고, 서로 사랑한 내용은 다음과 같다.

I. 사귐의 근거 (2:1-14)

1) 화목제물이 되신 그리스도 (2:1-2)

죄를 자백하고 빛 가운데 행하는 이유는 더 이상 죄를 범하지 않게 하기 위해서다. 혹 죄를 범하면, (우리의 자백으로 인하여) 그는 스스로 아버지 앞에 우리 죄에 대한 대언자(파라클레톤-우리를 대신하여 하나님께 중재하는 변호자, 중보자)시며, 죄에 대한 화목제물이 되신다. 죄의 책임을 없애기 위해 대신 드려진 희생제물로서 화목제물은 그리스도의 죽음을 말하는 것이다.

2) 계명에 대한 순종 (2:3-6)

우리가 그의 계명을 지키면 하나님을 "아는" 것이요, 진리가 그 속에 있게 된다 (3-5절). 하나님을 안다 하면서 그 계명을 지키지 아니하는 자는 하나님과 사귐이 없는 자며 거짓말하는 자요, 악의 대리인이며, 진리가 그 속에 거하지 않는다. 그러나 그의 말씀을 지키는 자는 하나님의 사랑이 참으로 그 속에서 온전케 되며 이로써 우리가 그의 안에 있게 된다.

하나님의 사랑이 성도 안에서 온전케 되는 경우는 두 가지다. 즉 말씀을 지키는 자(2:5)와 서로 사랑하는 자(4:12, 17) 안에서 온전케 된다. "거한다"(abide)는 말은 하나님, 예수님, 그리고 성도들 사이의 상호 거함(2:24; 3:6; 24; 4:13-16; 5:20)을 뜻한다.

"그가 행하시는 대로 자기도 행할지니라" (6절). 하나님과 사귄다는 증거는 그 사람의 행위 안에서 발견된다. 예수께서 그의 공생애에서 보여주신 모습은 성도들에게 모범이 된다.

3) 서로 사랑하라 (2:7-14)

모든 계명은 예수님이 주신 새 계명이라 불리는 사랑의 계명, 그 한 가지로 요약된다 (7-8절). 이것은 처음부터 들은 것(1:1; 2:24; 3:11)이며, 바로 요한복음 13:34의 "새 계명을 너희에게 주노니 서로 사랑하라 내가 너희를 사랑한 것같이 너희도 서로 사랑하라"는 계명이다. 이 사랑의 계명은 그리스도로부터 시작되었기에 새 계명이다. 그러나 태초부터 기독교 전통의 일부분이었기 때문에 옛 계명이다. 요한에게 그 계명은 우선 믿는 성도들에게 국한된다.

영지주의자들은 자신들이 빛 가운데 있다 (9절) 하면서 예수 그리스도의 영과 육을 분리시켰을 뿐만 아니라 성도들을 분별하고, 자기파가 아닌 사람들을 미워하고 분파를 일삼아왔다. 그들은 자신들만이 가장 위대한 "지식"을 소유하였으므로 빛 가운데 있는 자들이라고 자랑했으며, 타인에 대해서는 그들의 무지를 이유로 들어 구원받을 수 없다는 독선과 자만심으로 다른 사람들을 은근히 증오하고 무시했다.

"형제를 사랑하는 자는 빛 가운데" 거하는 자이다 (10-11절). 그런가 하면, 형제를 미워하는 자는 어둠 가운데 거하면서, 어둠 가운데 행한다. 갈 곳을 알지 못한다. 눈이 멀게 된다. 살인한 자와 같아서 영생이 그 속에 거하지 않는다 (3:15). 여기서 요한은 빛과 어둠을 사랑 가운데 행하는가 아닌가로 구분한다.

요한은 교회구성원에게 구원에 대한 올바른 확신을 심어주려고 신앙의 성숙도와 성격에 따라 회중을 다음 세 종류로 나누어 권고한다 (12-14절). a) "자녀들" (12

절): 예수 그리스도와 아버지를 알고 죄 사함 받은 정도의 신앙적 초보 단계(아이들, 14절)에 있는 자들, b) "아비들" (13과 14절): 신앙이 좀 더 성숙되어 예수께서 하나님 되심을 부인하는 이단에 의해 흔들리지 않을 자들, c) "청년들" (13과 14절): 죄 사함을 받고 하나님 말씀이 그 안에 거하시며 흉악한 자를 이기는 자들이다.

II. 사귐에 대한 권고 (2:15-27)

1) 세상을 사랑하지 말라 (2:15-17)

세상은 세 가지 형태가 있다. a) 하나님이 사랑하셔서 구원하실 "구원"의 대상이다 (요한복음 3:16). b) 우리가 하나님의 사랑으로 사랑해서 변화시킬 "변화"의 대상이다 (마태복음 5:13-16). c) 하나님의 영과 세상의 영을 분별하여 미혹과 유혹으로부터 벗어나기 위한 "분별"의 대상이다 (요한1서 4:1-3).

"이 세상이나 세상에 있는 것들을 사랑하지 말라" (15-17절)는 말은 위에 언급된 바로 세 번째 것을 말하는 것이다. 왜냐하면 아버지의 사랑이 그 속에 없기 때문이다. 세상은 사탄이 지배하고 어둠과 죄 가운데 있고 심판 아래 있는 곳이요, 이는 세상을 사랑하면 세상의 모든 것이 아담과 하와가 빠져버렸던 (창세기 3:6) 것처럼, 먹음직도 하고 (육신의 정욕), 보암직도 하고 (안목의 정욕), 지혜롭게 할 만큼 탐스럽기도 한 (이생의 자랑) 정욕에 빠지게 된다. 오직 하나님의 뜻을 행하는 이는 영원한 생명에 거한다. 세상은 눈에 보이는 땅이 아니라 악의 영역이요, 일시적인 반면, 하나님의 뜻을 행하는 이는 영원한 생명을 얻게 된다.

2) 적그리스도를 주의하라 (2:18-23)

마지막 때의 적그리스도를 주의하라 (18-20절). 요한의 교회와 대적한 적그리스도들은 단순히 교회에서 떨어져 나간 분리주의자가 아니라, 그들은 그리스도의 몸된 교회를 파괴하려던 그룹들의 수하들이었다. "적그리스도"란 명칭은 다른 문헌에는 없고, 오직 요한1서 2:18, 22; 4:3; 요한2서 7절에만 나타난다. 적그리스도는 신앙의 공동체가 믿어야 할 내용과 사랑해야 할 이웃이 없다. 반면, 성도("너희")는 거룩하신 자에게서 기름 부음을 받았기에 성령께서 깨우쳐 주시는 사역을 알고 있다.

영지주의자들은 진리를 모르고 거짓말하는 자들이다. 즉 영지주의자들은 인성을 띠고 이 땅에 오신 예수님의 신성을 부인하는 자로서, 아버지와 아들을 부인하는 적그리스도들이다 (4:2 참조). 아들 예수를 통하지 않고는 하나님을 알 수도 없고, 아버지에게 나아갈 자도 없고, 이를 부인하는 자는 하나님도 믿지 않는 사람이다.

3) 주 안에 거하라 (24-27절)

"처음부터 들은 것"에 거하면 아들과 아버지 안에 거하게 된다 (24절). "거하다"는 의미는 말씀과 밀접한 사귐의 관계를 의미한다. 그때 그가 약속하신 약속은 곧 영원한 생명이다. "그 안에 거하라." a) 처음부터 들은 말씀에 거하라! (2:24). 처음부터 들은 것은 예수를 시인할 것(23-24절)과 서로 사랑할 것이다 (3:11). b) 주께 받은 기름 부음 안에 거하라! (2:27). 기름 부음은 예수 그리스도께서 주신 성령 받은 것을 의미한다 (요한복음 20:23). 그는 참되고 거짓이 없는 모든 것을 가르치실 위대한 교사다. 그의 계명들을 지키는 자들을 주 안에 거하게 한다 (요한1서 3:24). 그의 사랑이 성도 안에 온전히 이루도록 하나님 안에 거하게 한다 (4:12~13). c) 의로우신 주 안에 거하라! (2:28-29).

"미혹"(deceive, 26절)이라는 말은 예수께서 육체로 오심을 부인(요한2서 7절)하는 것으로, 스스로 속이고 (요한1서 1:8), 의를 행하지 않고 (요한1서 3:7), 하나님께 속하지 않은 (요한1서 4:6) 분리주의자들의 잘못 인도된 믿음을 말한다. 반면 교회공동체는 기름 부음을 받음으로 인도받는다. 기름 부음 받은 사람은 주님 안에 거하는 사람이다. 그 안에 거하는 이유는 예수께서 나타나실 때, 담대함을 얻어 그 앞에서 부끄럽지 않게 하기 때문이다.

III. 사귐의 실천 (2:28-29): 강림과 의를 행함

기름 부음을 받은 자들은 주 안에 거하며 (27, 28절), 그의 의로우심을 알고 의를 행한다. 이들은 주의 나타나심을 볼 것이고, 담대함(confidence)을 얻는다. 그 자신감은 그의 강림하실 때 (2:28), 하나님 앞에서 (3:21), 심판 날(4:17)에 우리로 하여금 부끄럽지 않게 한다.

의를 행하는 것은 형제를 사랑하는 것이다 (3:10-12). 하나님의 자녀들은 이미 그들의 사랑에 의해 의가 나타나게 된다. 그에게서 난 자는 누구인가? 이는 의를 행하는 자 (2:29), 죄를 짓지 아니하는 자 (3:9; 5:18), 서로 사랑하는 자 (4:7), 예수가 그리스도이심을 믿는 자 (5:1), 세상을 이기는 믿음을 가진 자이다 (5:4). 요한서신은 하나님의 자녀들이 다시 오실 예수님에게 소망을 두고 생활할 것과 거룩하게 생활할 것을 권면하였다.

2. 생활 속의 이야기

자화상

"한국 기독교 인구는 전체의 약 20%인 1,000만 명을 헤아리고, 국회의원…이력서 종교란에 '기독교'라고 적은 사람이…전체 의원수의 59%가 기독교인인 셈이다. 여기 또…한국의 교도소 재소자중 42%가 교회에 다닌 경험이 있다는 것이다. 통계 수치로만 보면 한국에서는 기독교인이 보통 사람들보다 2배 이상의 죄를 짓고 살고, 반면 국회의원 당선율은 비기독교인에 대하여 3배 가까이 된다. 이 뒤틀린 영욕의 숫자가 우리를 당혹케 하는 것은…삼풍백화점 붕괴사건, 대학교수의 아버지 살해사건, 고급옷 로비사건들은 모두가 교회의 직분자들이 주인공들이었다.

2000년 센서스에 의하면, 한인들의 60-70%가 교회에 나가고 있다…이런 미주 한인사회가 언젠가 시카고 트리뷴지의 소수민족 선호도조사에서 46개 민족 중 끝에서 네 번째인가에 랭크되었다. 미국사람들의 눈에 비친 한인들은 정직하지 않고, 법과 질서와 공중도덕을 안 지키고, 세금을 속이고, 자기보다 약한 사람은 깔보고, 허세를 부리고, 저희들끼리…잘 싸우는 집단쯤으로 되어 있는 것이다. 요즈음…기독교 용어로 '미드미'와 '따르미'라는 말이 있다. '미드미'는 하나님을 믿는 사람을 의미하며 '따르미'는 예수님의 삶을 따라서 사는 사람을 말한다. 이제는 '미드미'에 머무르지 않고 '따르미'가 되어서 신앙을 삶으로 실천하여 어두운 동포사회를 밝히고 건강한 교회를 세우는 일에 힘써야 하겠다."

—유용석 장로 (LA기독교윤리실천운동본부)

3. 묵상을 위한 질문

(1) 그의 사랑이 우리 안에서 온전케 된다는 말은 무엇을 뜻하는가?

(2) 아래의 글을 읽고, 하나님의 사랑이 내 삶에서 온전해지기 위해 나는 어떻게 살아야 하는 것인지 서로 말해 보자.

하나님의 사랑은 첫째, 말씀을 지키는 자 (2:5), 둘째 사랑하는 자 (4:12, 17, 18) 속에서 완전해지는 진행형이다. 하나님의 사랑은 완전하고 영원하다. 하나님은 그 사랑이 우리 속에서 완성되는 원칙을 세우셨다. 사랑은 그의 율법의 완성(로마서 13:10)이며 그의 말씀의 완성이다. 하나님은 율법과 말씀을 어디에서 완성시키시는가? 바로 우리들이 말씀(계명)을 지키고 서로 사랑하는 가운데서 그의 사랑을 완성시키신다. 하나님의 사랑은 아버지로부터 시작하여 그 아들 그리스도를 통하여 주어졌으며 사랑하시는 자녀들 가운데서 완성된다. 그것이 사랑의 하나님의 목적이자 계획이다. 말씀을 지키는 자, 즉 서로 사랑하라는 계명을 지키는 자가 하나님의 사랑을 그 속에서 완전케 만든다. 하나님의 사랑의 완전은 도덕적 우수성을 말하는 것이 아니라 순종을 가장 소중한 것으로 말한다.

순종해야 하는 위대한 이유는 하나님의 사랑이 우리 안에서 온전케 된다는 하나님의 뜻, 바로 여기에 있다.

4. 결단에의 초청

빛 (하나님) 가운데로 가려면 형제자매를 사랑해야 합니다. 사랑은 우리의 삶에 빛을 던져주며 의미 있게 합니다. "하나님은 빛이시라 그에게는 어두움이 조금도 없으시니라." "그의 형제를 사랑하는 자는 빛 (하나님) 가운데 거한다." 사랑하지 않으면 눈이 멉니다. 하나님은 빛이십니다. 형제자매를 사랑하는 성도가 되어 빛 (하나님) 가운데 거합시다!

제4과
사랑과 영생
요한1서 3장

1. 성경 이해

> 우리는 형제를 사랑함으로 사망에서 옮겨 생명으로
> 들어간 줄을 알거니와 사랑하지 아니하는 자는
> 사망에 머물러 있느니라 (요한1서 3:14).

형제자매 사랑으로 사망에서 생명으로 옮겨진다!

먼저 요한은 요한복음 5:24에서 믿는 자가 사망에서 생명으로 옮겨진다고 했지만, 이제 후기 요한(요한서신)은 요한1서 3:14에서 형제를 사랑하는 자가 사망에서 생명으로 옮겨지고, 사랑하지 않는 자는 사망에 머물러 있게 된다고 말한다. 즉 요한1서 3장에서는 형제를 사랑하느냐 안 하느냐에 따라 그리스도께 속한 자들과 마귀에게 속한 자들을 뚜렷하게 대조시키고, 성도들에게 모든 계명의 완성인 사랑을 실천하여 주를 기쁘시게 하는 자가 되라고 촉구한다. 특히 하나님의 자녀는 그리스도의 사랑으로 구원의 은총을 받고 그분의 사랑을 확인한 자이기 때문에 행함과 진실함으로 형제자매를 사랑해야 할 필연적인 책임이 부여된다고 강변한다. 하나님의 자녀가 되고, 자녀로서 살아야 할 내용은 다음과 같다.

I. 하나님의 자녀로 삼으심 (3:1-3)

하나님의 자녀가 의롭게 살아야 하는 첫째 이유는 주님이 장차 강림하실 때에 부끄럼 없이 담대하게 맞이할 수 있어야 하기 때문이다. 다음 이유는 우리가 성화의 삶으로 그리스도와 같게 되어 그리스도를 뵐 수 있게 되는 의의 상급을 받아야 하기 때문이다.

"보라 아버지께서 어떠한 사랑을 우리에게 베푸사 하나님의 자녀라 일컬음을 받게 하셨는가" (1절). 믿는 사람들은 그리스도 안에 있는 하나님의 사랑의 선물의 결과로 하나님의 자녀가 되었다. 그러나 세상은 그리스도 안에 있는 하나님의 사랑을 받아들이지 않아서 하나님을 모른다. 하나님을 아는 것이 영생(요한복음 17:3)이라면, 하나님을 모르는 것은 영생이 없는 것이다. 요한의 교회는 "그들"과 다른 "우리" 정신을 가지고 있다. "그와 같을 줄을 아는 것은 그의 참 모습을 그대로 볼 것"이며, 그들은 죄로부터 자유함을 얻게 될 것이다 (2-3절).

II. 하나님의 자녀의 표시 (3:4-9)

죄를 짓는 자마다 불법을 행한다 (4-5절). 의를 행하는 자와 대조되는 구절로, 신자는 그리스도 안에서 율법과 죄와 사망으로부터 자유함을 얻었기 때문에 더 이상 율법을 지키지 않아도 된다는 영지주의자들의 주장에 대한 반박이다. 그리스도를 믿음으로 구원 얻은 성도들은 이제 자발적인 사랑으로 계명을 지킬 수밖에 없다. "그에게는 죄가 없느니라" (5절). 예수님은 완전한 인성을 지니셨지만 죄는 없으시다. 요한서신에서는 그리스도의 속성을 여러

가지로 표현한다: 선재하심 (1:2), 성육하심 (1:1, 2), 하나님의 아들이심 (1:2; 2:22, 23; 4:15; 5:5), 대언자이심 (2:1), 화목제물이심 (2:2; 4:10), 그리스도이심 (2:22), 구원의 유일한 근거이심 (2:23), 성령님을 주심 (2:27), 강림하실 것임 (2:28; 3:2, 3), 세상의 구주이심 (4:14), 참 하나님이심 (5:20), 영생이심 (5:20).

그래서 누구든지 그 안에 있지 않는 자는 죄가 있다 (5:18). 요한은 적대자들과는 달리, 죄 없다함을 의의 실천으로 증명하며 죄를 계속 짓는 것에 대하여 경고한다. 진실한 신자는 죄를 짓지 않는다. 혹 죄를 짓는다 하더라도 자백하여 (1:8) 예수 안에 거하면, 예수님을 통해 죄 사함을 받게 된다 (3:6, 9; 5:18). 여기서 요한은 그리스도를 알지 못하거나 (6절) 의를 행하지 않는 것(7절)을 죄의 종류로 말한다.

"마귀"(8절)란 '고소하는 자,' '헐뜯는 자' 라는 뜻으로 사탄과 같다. 하나님의 자녀와 마귀의 자녀는 절대로 함께 속해 공존할 수 없다. 누구든 어느 한쪽에 속해 있기 마련이다. 하나님께로 난 자란 하나님의 자녀를 말한다.

죄를 짓지 않게 하는 "하나님의 씨"(9절)는 성령(2:27; 3:24; 4:13)으로 해석된다.

III. 하나님의 자녀와 사랑 (3:10-24)

1) 사랑과 의로움 (3:10-12)

이제 요한서신은 하나님의 자녀와 마귀의 자녀(10-12절)를 사랑과 증오, 생명과 사망, 자기희생과 살인으로 계속 대조시키며 빛의 자녀와 어둠의 자녀를 구분할 수 있는 판단 기준(의의 행함과 하나님의 자녀 사랑)을 제시한다. 그리고 그 대조적인 두 세계의 모델로 아벨과 가인을 소개한다. 새 계명은 바로 형제를 사랑해야 한다(요한복음 13:34)는 것이다. 사랑은 처음부터 확실하게 선포된 복음이다.

여기서 가인과 아벨을 비교하는 이유는 사람을 사랑하는 것이 무엇인지를 보여주려는 것이다. 가인은 아우 아벨과 같이 행위의 의로움(12절)의 제사를 드리지 못해 열납 받지 못했다 (창세기 4:6-7). 가인과 아벨의 이야기는 히브리서 11:4와 같이 '믿음'으로 아벨의 제사를 보는 입장이 있고, 또 요한1서 3:10-12, 창세기 4:6-7, 유다서 11절(히브리서 13:16 참조)에서와 같이 '행위'의 의로움으로 제사를 보는 입장이 있다. 여기서는 둘 다를 생각해야 한다. 성경 전체에서 아벨은 '행함으로' 제사를 드린 사람이다. 가인은 악한 자(2:13-14; 5:18-19)에게 속해 있다. 어떤 유대전통에서는 가인의 아비를 "마귀" (3:8, 10) 라고 한다. 세상의 후예가 가인이라면 교회의 후예는 아벨이다. 이것을 "이상히 여기지" 말아야 한다 (13절). 옛날 아벨이 의를 행함으로 가인에게 미움을 받았다면, 지금도 의롭게 사는 이들은 같은 핍박을 당한다.

2) 사랑과 영생 (3:14-16)

여기서 요한은 왜 하나님의 자녀를 위한 사랑이 중요한지를 역설한다. 하나님의 자녀 사랑은 세상에서 말하는 윤리 문제가 아니라, 하나님 나라의 영생 문제와 관련이 있어서다. 형제자매를 사랑한다는 것은 믿는 자들이 영생을 소유하고 있다는 사실을 증거하고 있는 것이다. 그리고 사랑이 삶에서 가장 뛰어난 것이기 때문에 사랑이 없다면 죽음에 머물러 있는 것이다.

사랑은 율법의 일부가 아니다. 사랑은 율법의 전부이며, 완성이다 (로마서 13:8). 사랑은 있으면 좋고 없어도 되는 것이 아니라, 사랑은 절대적으로 있어야만 하는 것이다. 사랑은 생명과 사망을 판가름하는데 사용되는 시금석이다 (14-15절).

사랑의 근거는 그리스도이시다 (16절). 즉 그리스도는 자기희생적 사랑을 통하여 우리를 구원하셨으며, 성도들에게 삶의 모범을 보이셨다. "이로써 사랑을 알고"는 사랑이 이론이 아니라 경험으로 배워 아는 것임을 말하는 것이다. 그러므로 예수님의 사랑을 경험하지 못한 사람은 참된 사랑을 깨달을 수 없으며, 사랑을 할 수도 없다.

하나님의 자녀들은 사랑해야 할 이유가 있다. 그 이유는 빛 가운데 거하여 거리낌 없이 살 수 있는 확신이 주어졌기 때문이다 (2:10). 주님이 주신 계명이기 때문이다 (3:23). 하나님은 사랑이시며, 하나님이 우리를 사랑하셨기 때문이다 (4:7-12). 보이는 하나님의 자녀를 사랑하지 못하는 사람은 보이지 않는 하나님을 사랑할 수 없기 때문이다 (4:20-5:3).

3:16-18에는 사랑에 대한 세 가지 진술이 있다. a) 그리스도 때문에 믿는 자들은 사랑을 안다 (경험). b) 그리스도가 희생하신 것처럼 그들은 다른 사람들을 위해 희생해야 한다. c) 그리스도께서 나누신 것처럼 그들은 그들의 것을 남과 나누어야 한다. 재물을 나누는 것은 사랑한다는 표시이다.

3) 사랑과 기도 (3:19-22)

사랑의 행위는 하나님과의 관계를 보증해 주는 것이다. 사랑을 하면 우리가 하나님 앞에서 확신을 가지게 된다

(19절). 사랑을 하면 기도의 응답을 받게 된다 (21-23절). 사랑을 하면 주 안에 거하고 있다는 사실을 확신하게 된다 (24절). 사랑을 실천하면 그들이 그리스도 안에 있는 하나님의 계시에 기반을 두고 있다는 사실을 재확신하게 된다. 그러기에 예수 그리스도를 믿는 자에게는 영생이 주어졌고 (5:12-13), 예수 그리스도 앞에서 무엇을 구하든지 이루어진다는 확신을 얻게 된다 (5:14-15). 이것이 사랑과 믿음의 관계이다.

4) 사랑과 계명 (3:23-24)

이제 계명은 예수 이름을 믿고 (하나님 사랑), 서로 사랑하라(형제자매 사랑)로 종합된다. "그의 계명은 이것이니 곧 그 아들 예수 그리스도의 이름을 믿고 그가 우리에게 주신 계명대로 서로 사랑할 것이니라" (23절).

이렇게 믿음과 사랑이 결합된 계명은 마태복음, 마가복음, 누가복음, 요한복음, 바울서신 기자들의 공통된 견해다. 예수님을 믿는 것과 이웃을 사랑하는 것은 분리할 수 없는 관계이다. 예수님에 대한 믿음은 사랑의 유일한 근거이며, 이웃 사랑은 그 믿음에 대한 유일한 증거이다. 영생의 공식을 우리는 다음과 같이 표시할 수 있다:

하나님(예수 믿음)을 사랑하는 것과 형제자매를 사랑하는 것을 합한 것이 바로 영생이다 (하나님 사랑+형제자매 사랑=영생).

"믿고 사랑"하는 자들이 그리스도 안에 거한다는 것은 서로 주고받는 자가 되는 것이다 (24절). 그 이유는 성령으로 인하여 그리스도와 함께 있어 친밀한 관계에 있기 때문이다 (요한복음 15:5).

2. 생활 속의 이야기

성경적인 방법이 뭡니까?

남북나눔운동 10주년 기념식의 자리에서, 한완상 전장관은 통일부총리가 되어 김영삼 대통령과 독대한 자리에서 이렇게 얘기했다. "대통령각하! 각하도 장로이고, 저도 장로입니다. 그러니 통일 문제만은 성경적인 방법으로 합시다!" "성경적인 방법이 뭡니까?" "그거야 예수 사랑이지요!" 김영삼 대통령께서 "그렇게 합시다!"라고 말했다. 그래서 북측이 원하는 이인모 노인을 보내드렸다.

모태신앙으로 성장하여 장로님이 되신 분이 계시다. 6.25전쟁 때 그 아버지 장로님이 공산군에 납치당했고, 자신도 따발총부리 앞에서 5시간 동안 고문을 당한 분이다. 그분은 그 이후 원수 갚을 일을 많이 생각했다. 풀리지 않는 인생의 역경 속에서 "원수를 사랑하라"는 예수님의 말씀을 들은 기독교인이지만, 아직도 그 한을 풀지 못하고 적개심을 가지고 살아가고 있다.

다른 한 분은 역시 장로님과 똑같은 나이의 목사님이신데, 아버지가 공산군에 잡혀 죽임을 당하셨다. 그분은 쇠사슬로 묶여 죽은 아버지의 원수를 갚으려고 해병대에 입대했었다. 그러나 "원수를 사랑하라"는 예수님의 말씀을 듣고 목사가 되어, 나중에 북한을 방문하여 아버지 죽인 자들을 용서하고, 지금은 평화 통일을 위해 열심히 일하고 계시다. 그분이 바로 미국 장로교단의 총회장까지 지내신 이승만 목사님이시다.

누가 예수님께서 가르쳐 주신 참 사랑과 평화의 길을 가는 기독교인일까? "아무에게도 악을 악으로 갚지 말고 모든 사람 앞에서 선한 일을 도모하라 할 수 있거든 너희로서는[다시 말해서 우리 편에서 할 수 있는 만큼] 모든 사람과 더불어 화목하라 내 사랑하는 자들아 너희가 친히 원수를 갚지 말고 하나님의 진노하심에 맡기라 기록되었으되 원수 갚는 것이 내게 있으니 내가 갚으리라고 주께서 말씀하시니라" (로마서 12:17-19).

 KUMC통일위원회가 주최하는 <화해사역자대회> 세미나에서 이창순 목사님이 말씀하시는 간증을 들었다. 평양이 고향인 이 목사님은 이북을 방문하신 후, 굶어죽는 아이들 생각에 늘 마음 아파하신다. 특히 "네 친척의 아이들이 굶어죽는데 그때, 너는 미국에서 무엇을 하느냐?"는 물음이 자꾸만 들려온다고 말씀하시면서 눈물을 흘리신다. 그래서 오병이어 선교를 하시면서 조금이라도 더 도와주시려고 애쓰신다. "거기 너 있었는가, 그때에!"

3. 묵상을 위한 질문

 아래의 글을 읽고, 내 안에 가졌던 미움과 그에 대한 사랑의 실천을 서로 말해 보자.

 요한1서 3:14-16을 읽고 2천 년 전의 기독교인들이 확신하고 있던 "우리가 아는 것" 세 가지를 확인해 보자.
 a) "우리는 형제를 사랑함으로 사망에서 옮겨 생명으로 들어간 줄을 *알거니와* 사랑하지 아니하는 자는 사망에 머물러 있느니라."
 b) "그 형제를 미워하는 자마다 살인하는 자니 살인하

는 자마다 영생이 그 속에 거하지 아니하는 것을 *너희가 아는 바라.*"

c) "그가 우리를 위하여 목숨을 버리셨으니 우리가 이로써 사랑을 *알고* 우리도 형제들을 위하여 목숨을 버리는 것이 마땅하니라."

여기서 우리가 아는 것이란 첫째, 이웃을 사랑하는 것이 생명으로 들어가는 길이라는 것이요 (믿어지나요?), 둘째, 이웃을 미워하는 자마다 영생이 그 속에 거하지 않는다는 것이요 (이것도 믿어지나요?), 셋째, 예수님이 우리를 위해 목숨을 버리심은 사랑 때문이라는 것 (이것도 믿어지나요?), 이 세 가지다.

이와 같이 이미 2천 년 전의 그리스도인들은 생명에 영원히 거하는 이웃 사랑을 "알거니와," "알고," "아는 바" 된 사람들이었다. 사랑은 영생에 거하게 한다. 미움과 살인은 모양이 다를 뿐 그 동기는 같다. 예수님도 형제를 미워하고 욕하고 저주하는 자는 살인하는 자와 같아서 지옥 불에 들어가리라(마태복음 5:21-22)고 말씀하셨다.

4. 결단에의 초청

영생을 얻으려면 예수님을 믿고 서로 사랑해야 합니다. 한 마디로 믿음과 사랑이 있어야 합니다. 이 둘은 손바닥과 손등입니다. 떨어질래야 떨어질 수 없는 관계입니다. 오늘의 신앙개혁은 이것 둘이 하나가 되도록 만드는 개혁, 그것입니다. 믿음 안에서 서로 사랑합시다!

제5과
사랑과 하나님
요한1서 4장

1. 성경 이해

하나님은 사랑이심이라 (요한1서 4:8 하반절).

하나님은 사랑이시라 그러므로!

요한1서 4장은 사도 요한의 사랑장이다. 그리고 "하나님은 사랑이시라"고 선언한 성경의 사랑장이다. 이 사랑장 전체를 읽고, 영들이 하나님께 속해 있나 분별해 보라 (1-6절). 왜냐면 하나님을 사랑하는 자는 하나님께 속해 있기 때문이다 (7-11절). 그리고 하나님의 사랑은 형제자매를 사랑하는 데에서 온전하게 된다 (12-18절). 형제자매를 사랑하는 사람은 하나님을 사랑하는 사람이다 (19-21절). 사랑해야 하는 이유는 다음과 같다.

I. 영에 대한 분별 (4:1-6)

하나님께 속한 영을 분별할 수 있기 때문이다 (1-3절). 예수께서 육체로 오신 것을 시인하는 영이 하나님께 속한 영이다. 예수를 시인하지 아니하는 영은 하나님께 속해 있지 않으며 적그리스도의 영이다. 영지주의자들은 자기들이 영감을 받았다고 주장하면서도 예수님이 육신을 입고 오신 것을 부인했다. 그들은 예수님이 십자가의 고통을 느끼시기 전에 그의 영은 이미 그로부터 떠난 상태였다고 주장하면서 예수님의 영과 육을 분리시켜 말했다.

요한1서는 하나님께 속한 것과 세상에 속한 것을 대비하여 설명하고 있다 (4:7; 5:1, 4, 19; 요한3서 11절). 사람들은 하나님이나 세상, 이 둘 중 어느 하나에 속하게 된다. 진리의 영과 미혹의 영은 우주적 이원론이다. 미혹의 영은 신약성서 가운데 이곳에만 나타난다. 미혹(deceive)은 속임과 같은 의미가 있다 (요한1서 1:8; 2:26). 미혹의 영이란 사탄의 속성을 말한다. 미혹과 속임은 마지막 날과 관여된다. 너희 안에 계신 이는 진리의 영, 즉 성령님이시다.

II. 하나님 사랑과 서로 간의 사랑 (4:7-11)

하나님께 속해 있다함은 서로 사랑한다는 증거이기 때문에 사랑해야 한다. 하나님과 관계를 맺고 있는 사람들은 서로 사랑하는 사람들이다. "안다"는 것은 하나님과 사랑의 관계에 있다는 것을 의미한다. 하나님의 사랑은 예수 그리스도를 세상에 보내는 구체적인 행위다.

요한은 사랑이신 하나님 (8절), 화목제물이신 그리스도 (9-10절), 그리고 성령과 사랑을 연결시켜 말하고 있다 (13절). 이렇듯 사랑에는 삼위일체의 속성이 독특하게 표현되어 있다.

그러므로 우리가 서로 사랑해야 하는 이유는 하나님이 사랑이시기 때문이고 (7-8절), 하나님이 먼저 우리를 사랑하셨기 때문이다 (9-11절). 그래서 우리가 서로 사랑할 때 하나님의 사랑이 우리 안에서 완전해진다 (12절). 7절과 8절은 하나님의 본성이 사랑 안에 드러나 있다는 사실을 증거해 주고 있다. 요한은 단호히 "사랑은 하나님께 속한 것"이고, "하나님은 사랑이심이라" (8절) 라고 말한다. 동시에 공동체 안에서 예수께서 손수 희생제물이 되어 보여주신 사랑을 체험하면서 성도들 간에 서로 사랑해야 할 것에 중점을 둔다 (7절).

하나님의 "독생자"(9절)로 오신 예수님은 하나님의 사랑을 눈으로 볼 수 있게 해주셨다. 하나님의 사랑의 특성은 1) 역사적이고, 2) 자기희생적이며, 3) 우리를 살리시려는 동기와 목적을 갖고 있다.

"화목제물"(10절; 2:2)은 서로 갈라졌던 사이를 다시 화해시키는 제물을 말한다. 이 화목제물로 말미암아 비로소 우리는 하나님과의 교제를 나눌 자격이 생기는 것이다. 하나님께서 십자가 위에 우리의 죄를 사랑하는 마음으로 용서하여 주신 것과 같이 사랑이란 남의 죄를 용서하고 그 죄를 다시 기억하지 않는 것이다.

"우리가 하나님을 사랑한 것이" 아니다 (10-11절). 하나님이 우리를 사랑하신 것이다. 하나님의 사랑은 사랑하는 방법을 보여주는 모델이며, 사랑의 힘 그 자체이다. "하나님이 이같이 우리를 사랑하셨은즉 우리도 서로 사랑하는 것이 마땅하도다" 라는 구절은 인류를 향한 하나님의 위대한 사랑과 우리가 책임지고 형제자매를 사랑해야 한다는 사실을 감동적으로 서술하고 있다. 하나님은 사랑의 원천이시다. 하나님의 사랑을 체험한 성도들은 그 체험한 사랑을 실천해야 한다.

III. 사랑의 완성 (4:12-18)

우리가 서로 사랑하면 "그의 사랑이 우리 안에 온전히" (12절, 17절, 18절) 이루어진다. 하나님의 사랑이 불완전하다는 뜻이 아니다. 하나님의 사랑은 완전하고, 영원하고, 전능하다. 하나님의 사랑이 우리 안에서 온전해진다는 표현은 하나님께서 그 사랑을 완성시키기 위한 계획이 있으셨는데, 바로 이웃을 통해서 그 사랑을 완성시키려고 계획하셨다는 말이다. 즉 하나님은 예수님 안에서 이웃끼리 사랑하도록 그 과정을 설정해 놓으셨다. 그것을 이루는 분은 성령이시다.

여기서 요한은 하나님께서 아들(예수 그리스도)을 세상의 구주로 보내신 것을 영지주의자들이 믿지 않으려는 사실에 도전하고 있다 (14-15절). 예수님을 믿는 일과 (15절) 사랑을 실천하는 일은 (16절) 성령의 역사가 아니고는 불가능하다. 그러므로 그러한 믿음과 사랑을 보이는 것은 곧 성령을 받은 증거가 되며, 성령을 받았다는 것은 곧 하나님의 영이 영원히 우리 안에 거하심을 증거해 주는 것이다. 성령을 통해 우리가 하나님 안에 거하는 것처럼, 하나님도 우리 안에 거하신다.

사랑 안에 거하는 자는 참된 하나님의 사랑에 대한 지식을 가지고 있을 뿐만 아니라, 그 사랑을 또한 실천하는 자이다. 거짓 교사들도 자신들이 하나님을 사랑한다고 말했다 (20절). 그러나 요한은 형제자매를 사랑하지 않고는 하나님을 사랑한다고 말할 수 없다고 단호히 말한다. 인간은 예수 그리스도께서 형제자매를 어떻게 사랑해야 할 것을 보여주신 것처럼, 진정으로 형제자매를 사랑할 때만 하나님을 사랑한다고 말할 수 있다.

우리가 서로 사랑하면 그 결과로 따라오는 것들이 있다. 우리가 하나님과 함께 거하고 있다는 사실을 깨닫게 된다 (16절). 우리가 심판날에 담대해질 수 있다 (17절). 우리에게 두려움이 없게 된다 (18절). 우리가 서로 사랑할 때, 하나님의 자녀인 것을 증명할 수 있다.

IV. 형제사랑이 하나님 사랑이다 (4:19-20)

우리는 형제자매를 사랑해야 한다는 계명을 하나님으로부터 받았기 때문에 우리의 이웃인 형제자매를 사랑해야 한다 (19-21절; 마태복음 25:32-46). 하나님을 사랑하는 것과 형제자매를 사랑하는 것은 하나님의 계명 안에서 똑같이 강조되고 있다. 우리가 하나님을 먼저 사랑한 것이 아니라 하나님이 우리를 먼저 사랑하셨기 때문에 하나님을 믿는다고 하는 성도들은 사랑해야 한다. 즉 구원받은 성도들에게는 사랑을 할 것이냐 말 것이냐 하는 선택의 자유가 주어져 있지 않다. 형제자매를 사랑하는 것은 구원받은 사람들에게 본능적인 행동으로 나타나야 한다. 다시 말해서 사랑을 하지 않고는 견딜 수 없는 입장이 되어야 한다. 그러기에 사랑은 신앙의 성숙도라고도 말한다.

하나님을 사랑한다고 하면서 형제자매를 사랑하지 못하면 그는 거짓말쟁이다. 보이는 형제자매를 사랑하지 못하면서 보이지 않는 하나님을 사랑할 수 없기 때문이다 (4:20; 5:10). 그러므로 눈에 보이지 않는 하나님을 사랑하는 것과 눈에 보이는 형제자매를 사랑하는 것은 같아야 한다. 하나님께 대한 사랑은 반드시 형제자매를 사랑하는 것으로 표현되어야 한다.

2. 생활 속의 이야기

4천만 불(5백억)짜리 지갑

어느 한인 의사 한 분이 성경공부 시간에, 오병이어의 기적을 일으키신 예수께서 "남은 것은 버리지 말고 모아 두어라"고 하신 말씀을 읽고는 갑자기 마음이 뜨거워졌다. "그래 내가 이 일을 해야겠다. 남은 것들을 모아서 없는 이들에게 나눠 줘야겠다"고 결심하고는 남은 것들을 조사해 보았다. 그녀는 자기에게 남은 것을 조사한 것이 아니라 예수님의 남겨 놓은 것들을 조사한 것이다. 그녀는 1,500개 회사로 편지를 보내 물품 기부를 부탁했다. 미국은 도와줄 데를 확실히 하면 얼마든지 남는 것을 도와주는 회사들이 많다. 그는 제약회사, 의류회사 등등에서 약품과 옷가지들을 기증받았다. 의약품, 비타민 같은 영양제를 날짜가 다 되었으나 아직 쓸 만한 것들, 처분하려는 것들, 예를 들어, 한 병에 60불하는 비타민 1,200상자를 단돈 70불에 기부받기도 했다. 그런 방식으로 남은 것들을 모아 아프리카, 북한 평양, 중국, 남미에 선교를 하는데, 그 한 사람이 일 년에 4천 4백만 불 어치 물품들을 가지고 없는 이들에게 나눠 주었다.

그러나 그녀는 거라지 세일에서 산 2불짜리 옷을 자랑하고 즐겨 입는다. 또 50센트짜리 지갑을 손에 들고 "이게 하나님이 주신 지갑이야, 내 맘에 꼭 드는 지갑이야" 하면서 품에 안고 기뻐하는 분이다. 그 50센트짜리 지갑은 남는 것들만 모아서도 4천 4백만 불을 넣을 수 있는 "예수님짜리 지갑"이 된 것이다.

3. 묵상을 위한 질문

(1) 오늘의 영지주의자들은 누구일까?
(2) 아래의 글을 읽고, 오늘날 현대판 분리주의자(영지주의자)들은 어떤 형태로 나타나는지 서로 말해 보자.

초대교회 당시 영지주의(Gnosticism)적 경향을 가진 이단들이 교회 안에 들어와 성도들을 미혹하고 교회를 분열과 혼란에 빠뜨리기 시작했으며, 주후 2세기경부터는 본격적으로 침투해 3세기 초에는 로마 제국의 대부분의 지적인 교회가 영지주의에 오염되었다. 이런 영지주의가 약 150년 동안 교회 내에서 성행하면서 그리스도교 공동체에 파괴적인 영향력을 행사했다.

4. 결단에의 초청

형제의 모습 속에 보이는
하나님 형상 아름다워라
존귀한 주의 자녀 됐으니
사랑하며 섬기리.

하나님께 대한 사랑이 반드시 형제자매를 사랑하는 것으로 나타날 수 있도록 실천합시다!

제6과
사랑과 계명
요한1서 5장

1. 성경 이해

하나님을 사랑하는 것은 이것이니 우리가 그의 계명들을 지키는 것이라 그의 계명들은 무거운 것이 아니로다 (요한1서 5:3).

하나님을 사랑하려면
형제자매를 사랑하라는 계명을 지키라!

하나님을 사랑하는 사람은 당연히 형제자매를 사랑해야 한다. 요한1서 5장에서 하나님을 사랑하기 위해서는 형제자매를 사랑하라는 계명을 지켜야 한다고 강조한다. 요한은 하나님을 사랑하는 것과 형제자매를 사랑하는 것의 불가분리성을 요한1서 5장에서 강조하고 있다. 그 이유는 다음과 같다.

1) 하나님은 독생자를 세상에 보내주면서까지 형제자매들을 사랑하시기 때문에, 하나님을 사랑한다는 사람은 형제자매를 사랑하지 않을 수 없다.

2) 형제자매를 사랑하라는 것은 명백한 하나님의 계명이기 때문에 사랑해야 한다.

I. 사랑과 믿음 (5:1-5)

1-3절에서는 믿음 (예수께서 그리스도이심을 믿는 것), 사랑 (사랑하라는 계명), 순종 (하나님의 계명을 지키는 것), 이 세 가지가 자연스럽게 연결되어 있다. 예수께서 그리스도이심을 믿는다는 것은 우리가 하나님으로부터 태어난 사람이라는 사실을 깨닫게 된다. 하나님께로부터 났음을 보여주는 예수님에 대한 참된 신앙은 사랑과 의를 행하는 신앙이다.

"계명(서로 사랑하라)을 지킨다"는 의미는 하나님을 아는 것이며 (2:3-5절), 하나님을 사랑하는 것이다 (5:3). 하나님의 계명들은 무거운 것이 아니다. 그 이유는 1) 하나님은 계명과 동시에 그것을 지킬 힘 또한 주시기 때문이며, 2) 우리가 계명을 의무로서 지키는 것이 아니라 (누가복음 11:46), 사랑으로 지키기 때문이다. 자녀를 향한 부모의 사랑처럼 사랑의 짐은 무겁지 않다. 3) 계명을 믿음으로 지키기 때문이다 (5:4).

믿음은 세상을 이길 능력이 있으며, 믿음은 또한 계명에 순종할 수 있는 힘을 준다. 하나님은 믿는 사람들을 통해 악을 정복하신다 (4:4).

II. 하늘과 땅의 증거 (5:6-9)

이스라엘에서는 증거가 완전하게 되기 위해서는 세 사람의 증언을 필요로 하였다 (7절; 신명기 19:15). "물"은 예수님의 세례를, "피"는 예수께서 십자가의 죽으심을, "성령"은 성도 안에 거하며 증거하시는 하나님의 영이시다. "세례"와 "피"와 "성령"은 예수께서 그리스도이심과 하나님의 아들이심을 증거해 주는 것들이다. 물과 피는 객관적 증거요, 성령은 주관적 증거다. 하나님이 증거하신 증거는 예수께서 세례 받으실 때 "내 사랑하는 아들이요, 내 기뻐하는 자라"(마가복음 1:11)고 했고, 변화산에서 (마태복음 17:5), 그리고 부활 때 증거(요한복음 12:28) 했다. 믿는 사람들은 이 세 증거를 믿는다. "합하여 하나"는 이 세 증거가 모두 일치한다는 뜻이다.

III. 믿는 자의 특권 (1) (5:10-17)

육신을 입고 세상에 오신 예수님을 믿는다는 것은 하나님이 예수님을 증거하신 증거를 믿는 셈이 된다. 반면에 육신을 입고 세상에 오신 예수님을 믿지 않는다는 것은 우주 만물과 성경을 통해 증거해 오신 하나님을 거짓말쟁이로 만드는 것이다.

예수 그리스도의 사역은 영생을 선물로 주는 일이다. 영생이 있음을 믿는 사람에게는 세 가지 확신이 있다.

1) 영생에 대한 확신이다 (13절). 이단들의 거짓된 가르침 때문에, 예수님이 하나님의 아들 그리스도라고 고백할 수 있도록 영생의 확신을 심어주는 일은 매우 중요하다.

2) 간구의 응답에 대한 확신이다 (14-15절).

3) 중보기도의 필요성에 대한 확신이다 (16-17절). 기도는 하나님을 사랑하는 것으로부터 온다. 하나님은 우리의 청을 들어주시는 분이시기 때문이다.

영생에 대한 확신은 어떻게 나타날까? 죽음에 이르지 않는 새 생명을 얻었다는 확신이 생긴다. 두려움이 없어진다. 하나님이 우리를 지켜주시기 때문에 악한 자가 우리를 해치지 못한다. 사망의 죄를 짓지 않는다.

IV. 믿는 자의 특권 (2) (5:18-21)

하나님에게서 태어난 사람들이 악한 사람들과 다른 것이 세 가지 있다 (18-21절). 1) 범죄하지 않는다, 2) 하나님께 속한다, 3) 하나님께서 우리에게 지각을 주사 예수 그리스도를 알게 하고 영생을 알게 해준다.

성도들은 하나님을 대적하는 "마귀의 일"(3:8)이 지배하는 환경 속에서 살고 있지만, 예수님과 그를 사랑하는 형제자매들로부터 보호를 받는다. 하나님의 자녀는 범죄하지 않는다. 이 말은 단번에 모든 죄로부터 분리된다는 뜻이 아니라, 성도들이 사랑의 계명에 충실하고 그 계명을 따르면 점차적으로 성화되어 죄에서 멀어지게 되며, 궁극적으로는 예수 그리스도를 부인하는 근본적인 죄를 범하지 않게 된다는 뜻이다.

"하나님께로부터 난 자"(18절)가 누릴 수 있는 특권은 "하나님께 속"할 수 있다는 것, 즉 하나님의 자녀가 될 수 있다는 뜻이다 (19절). 하나님께로부터 난 자는 하나님과 교통할 수 있을 뿐만 아니라, 하나님께서 우리에게 "지각"을 주사 영생을 얻을 수 있는 특권을 얻기도 한다 (20절). 기독교의 신앙은 역사적으로 육신을 입고 세상에 오신 예수님께 신앙의 근거를 둔 신앙이다. 그래서 아버지와 아들을 아는 것이 영생이라고 요한은 말한다 (요한복음 17:3). "우상"(21절)은 참 인간의 모습으로 오신 예수님을 부인하는 것이다. 우상은 아들 예수님의 반대편이다.

2. 생활 속의 이야기

아돌프스라는 흑인 청년은 월남전 참전용사였으나 전쟁으로 생긴 분노와 광포가 심해서 직장생활을 제대로 못하고 쫓겨나 정신병원에 수용된 적도 있었다. 그가 주일 아침에 약을 먹으면 그럭저럭 교회 안에서 견디지만, 먹지 않으면 소동이 일어난다. 의자를 장애물 경기하듯 넘어 다니고, 강대상 앞에까지 돌진하고, 설교시간에 헤드폰을 끼고 유행가를 듣기도 한다. 주일예배를 위한 주보에 "우리의 기도" 순서가 있는데, 아무 생각 없이 지켜보던 아돌프스는 어느 날 기도의 내용을 말했다. "주여, 휘트니 휴스턴 같은 노래 잘하고 몸매 잘 빠진 가수를 창조해 주셔서 감사합니다!" 회중 가운데 그를 아는 사람들은 침묵했지만, 그에 대해 잘 모르는 사람들은 누가 저런 이상한 기도를 드리나 하여 고개를 들어 보기도 했다.

어느 날 그는 그 교회의 백인들에게 천벌을 내려달라고 기도하고, 군인들을 이라크로 보내 딴 짓하는 부시 대통령도 그의 저주에서 벗어날 수 없었다. 그러다가 그의 결정적인 기도 한 마디에 교인들은 충격을 받았다. "주여, 다음 주에 이 교회 "흰둥이 목사들"의 집을 모두 불사르소서." 거기에 화답하는 교인은 아무도 없었다. 그는 이미 세 교회에서 쫓겨난 이력이 있다. 한번은 일어나 말했다. "기관총 한 자루만 있으면 이 방에 있는 인간들을 모조리 쏴 죽일텐데!"

결국 정신과 의사 한 분을 비롯한 교회의 몇몇 사람들이 아돌프스를 맡았다. 소동 피우고 부적절한 용어를 쓰면 끝까지 설득했다. 교회의 몇몇은 저녁을 먹이고, 몇몇은 초청하여 함께 지냈다. 계속 아돌프스의 상태는 나아지지 않았지만 사랑으로 돌보았다. 그러다가 아돌프스가 정식 교인으로 등록하겠다고 나왔다. 간단한 신앙문답을 했으나 전혀 기본소양도 안되어 있었다. 일종의 수습안을 내놓았다. 첫째, 그리스도인이 된다는 의미를 이해했다는 증거를 보이고, 둘째, 교회에서 적절하게 행동하는 법을 배우면 그를 정식교우로 받아들이겠다고 했다.

그런데 놀라운 일이 벌어졌다! 이상하게도 그가 잠잠해졌다! 그는 자신의 발작이나 광태가 시작될 것 같으면, 교인들의 도움을 요청했다. 그는 아내까지 얻었다. 그리고 세 차례의 시도 끝에 정식 교우로 등록이 되었다. 그는 생애 한순간도 그 교회와 같이 사랑을 보여주는 은혜가 충만한 교회를 체험한 적이 없었다. 그는 가족도, 일도 없었고 뜨내기처럼 배회했다. 그러나 세상에서 교회만이! 그것도 은혜로 가득 찬 교회만이! 그를 든든한 한 교회의 식구로 받아들였다. 교회는 그를 포기하지 않았다. 받을 자격 없지만 은혜를 받아 누리고 있는 교회의 성도들이 그 은혜를 다시 아돌프스에게 베풀었던 것이다.

―필립 얀시
<교회, 나의 고민 나의 사랑> 중에서 (요단)

3. 묵상을 위한 질문

다음의 글을 읽고, "믿음과 사랑"이라는 용어를 생각하면서 신약성경을 다시 한번 읽어보라.

한 종교사회학 교수는 한국 기독교의 병폐를 배타주의, 보수-진보의 양극성, 배금주의라고 말했다. 그 이유를 한글 개역성경에만 나오는 "오직"이란 단어 때문이라고 생각한다. 바울서신 안에 나타난 수많은 "오직"이란 단어는 원어 헬라어 성경을 비롯하여 다른 번역본 성경에는 없다. 목회 10년을 지나 유학 와서 여러 번역본 성경을 보다가 이 사실을 알게 되었고, 과거의 "오직 믿음만으로"의 입장에 상당한 곤혹감을 감추지 못했다. 그래서 "나만 그러한가?" 하고 주변 목회자, 신학교수, 헬라어 교수님들에게 물어보았다. "그래요? 몰랐어요!" 하며 놀라면서 아무런 답을 주지 못했다. 이것이 한국 기독교의 현실이다.

성경에서 한 번 확인해 보자.
1) 바울은 믿음을 많이 말했지만 한 번도 "오직 믿음으로"라고 말한 적이 없다. 2) 이 "오직"이란 말은 헬라어 성경 원문에, 라틴어 성경(Vulgate)에도, 영어 성경(KJV, RSV, NIV)에도, 하물며 루터 성경에도 없다. 또 최근에 번역한 한글 성경전서 새번역에도 없다. 3) 더욱이 바울이 "오직"이란 단어를 다른 문장에서는 더러 사용했어도 "믿음"이 들어있는 문장에서는 안 쓴다. 4) "오직"을 좋아하는 한글 개역성경의 바울서신에는 "오직 행함으로", "오직 사랑 안에서"란 말도 있다. 5) 더 의미심장한 것은 바울은 율법(종교행위)보다는 믿음의 중요성을 강조했지만, 성도의 균형적인 온전한 신앙을 위해서는 "믿음과 사랑(의 행함)"을 분리하지 않고 함께 말했다는 사실이 성경에서 확인되었다.

바울은 다음과 같이 말했다: 첫째, 사랑이 제일이다! "또 산을 옮길 만한 모든 믿음이 있을지라도 사랑이 없으면…아무것도 아니요" "그런즉 믿음, 소망, 사랑, …그 중의 제일은 사랑이라" (고린도전서 13:2, 13).

둘째, 믿음과 사랑은 하나로 일치되어 있다! "사랑으로써 역사하는 믿음" (갈라디아서 5:6), "믿음을 겸한 사랑" (에베소서 6:23), "'믿음에서 나오는 사랑" (디모데전서 1:5).

셋째, 믿음과 사랑은 병행하여 함께 일한다! "믿음에 굳게 서서…사랑으로 행하라" (고린도전서 16:13-14), "믿음과…사랑을" (에베소서 1:15), "믿음으로 말미암아…사랑 가운데서" (에베소서 3:17), "믿음의 역사와 사랑의 수고" (데살로니가전서 1:3), "믿음과 사랑의 기쁜 소식" (데살로니가전서 3:6). 이렇게, 바울은 믿음만큼 또는 믿음보다 사랑이 중요함을 말했고, 때로 믿음과 사랑을 나란히 일치시키면서 신앙을 강조하였다.

4. 결단에의 초청

하나님은 믿음과 사랑이 일치되기를 원하십니다. 믿음과 사랑이 일치된 신앙의 눈으로 성경을 다시 읽어 봅시다. 그리고 그 신앙을 실천합시다!

제7과
사랑과 진리
요한2서

1. 성경 이해

또 사랑은 이것이니 우리가 그 계명을 따라 행하는 것이요 계명은 이것이니 너희가 처음부터 들은 바와 같이 그 가운데서 행하라 하심이라 (요한2서 1:6).

사랑은 진리 안에서 행하는 것이다!

요한2서의 중심 내용은 사랑의 실천에 대한 권면과 영지주의 거짓 교사들에 대한 특별한 경계이다. 요한1서와 같이 예수의 인성을 그리스도의 신성과 일치시키지 않는 영지주의 이단과 거짓 교사들(deceivers)을 경계하되, 상종하지 말고 교제를 끊기까지 하라는 교훈을 주면서, 또 진리 가운데서 서로 사랑하여 대접하라고 한다. 그러나 적대자들을 피하고, 순회전도자들을 대하듯이 적대자들을 접대하지 말라는 경고를 준다.

요한2서는 개인편지로 요한1서의 축소판이며, 그것을 보충하기 위해 쓰여졌다. 수신자는 "택하심을 받은 부녀와 그의 자녀들", 즉 교회와 그 교인이며, 기록연대는 요한1서와 같은 시기인 주후 90-110년경 요한이 노년에 감독으로 있던 에베소에서 기록한 것으로 보인다.

주제	진리	사랑	교훈	인사
구성	1-3절	4-6절	7-11절	12~13절
주제	진리와 사랑 가운데서 행함		교훈 안에 거함->기쁨	
내용	사랑과 진리 가운데서	진리에 행함 =사랑의 계명을 지킴	참된 교훈의 테두리 안에 거하라	"대면하여… 너희 기쁨을 충만하게"
구성	우리의 성격: 진리가 우리 안에	우리의 행동: 사랑의 계명대로	우리의 경계: 교훈 안으로	우리의 문안: 면대하여
요절	6절: 하나님을 사랑하는 것은 계명을 따라 행하는 것			
핵심단어	진리, 사랑, 계명, 교훈, 행하다, 거하다			

요한2서는 누가 진실한 성도인가를 측정하는 기준 때문에 신학적으로 중요하다. 초기 영지주의자의 영향을 경계하기 위해서다. 여기서 요한이 권장한 사랑은 무분별한 것이 아니라 영적 통찰력이 수반된 것으로 진리이신 그리스도의 기초 위에 "진리 안에서 행해진" 것이다.

I. 하나님의 사랑 안에 거하라 (1-6절)

진리 안에 거하라는 말에 이어, 요한은 수신자들이 진리에 순종하는 것을 칭찬하고 그들에게 주어질 하나님의 사랑을 확인시킨다. 또한 그는 보다 적극적으로 하나님의 계명을 실천함으로 진리에 순종하는 삶을 살 것과 성도들 간에 사랑 안에서 참된 교제를 이룰 것을 역설한다.

1) 문안 인사 (1-3절)

사도 요한은 장로라는 의미를 강조하면서 모든 교회공동체의 대표라는 점을 부각시킨다 (1절). 장로는 교회에서 존경받는 이, 지도력의 공직을 가진 이로 해석되며, 연장자 혹은 존경받는 원로를 뜻하는 말로서 유대교의 장로제도에서 취하여 온 칭호다. 베드로도 자신을 장로라고 불렀다 (베드로전서 5:1). "택하심을 받은 부녀"는 아시아에 있는 한 교회의 리더를 은유한 것이다 (13절). 부녀(퀴리아, "kyria")는 주님(퀴리오스, "Kyrios")의 여성형이다. 또 그의 자녀는 회중을 나타내는 은유이다.

"진리"(2-3절)는 거짓 가르침(요한1서 2:21)과 대치되는 요한이 강조하는 중요한 용어다. 그리스도 안에서 하나님의 계시를 끌어안는 사람들 사이의 공동 유대는 진리 안에서 사랑하는 것이며, 진리를 아는 것이다. 진리는 그리스도 안에서 계시되었고, 진리의 영이신 성령에 의해 성도들에게 깨우쳐지는 하나님의 말씀으로 나타난다 (요한복음 17:17). 교회의 사랑과 사귐은 진리와 불가분의 관계를 갖는다. 그러므로 진리 안에서 연합할 수 있도록 최선을 다한다.

2) 진리와 사랑 안에서 행함 (4-6절)

그리스도인들은 진리와 사랑에 집중해야 한다. 진리 안에 행하라는 것과 사랑하라는 계명은 서로 영향을 주고받는 관계이다. 요한2서는 사랑의 계명대로 진리 안에서 행하는 자를 칭찬한다. 진리와 사랑은 처음부터 그리스도인들이 생활할 수 있도록 서로 보충하여 주는 것이다.

"계명을 따라 행하는 것"이란, 빛 가운데 행하는 것 (요한1서 1:6-7; 2:11), 아버지의 계명대로 행하는 것 (6

절), 나그네들, 순회전도자들을 섬기는 것(요한3서 5-6
절)이다. 우리가 받은 계명은 서로 사랑하라는 계명이다.
그러므로 진리를 행한다고 하면서 사랑치 않는 자는 거짓
말하는 자이다.

서로 사랑하라는 계명은 그리스도가 그것을 명령했기
에 새로운 것이 아니며 (요한복음 13:34; 요한1서
2:7-8), 처음부터 성도가 들은 것이다. 모든 계명은 사랑
으로 완성됨을 보여준다. 참 사랑은 진리이신 그리스도 안
에서 가능하며, 사랑의 실천은 바로 진리를 행하는 것이라
고 거듭 강조하고 있다.

II. 거짓 교사와 함께 하지 말라 (7-13절)

요한은 그리스도인들이 서로 사랑해야 할 것과, 예수 그
리스도께서 육체로 오신 것(성육신)을 특별히 강조하면
서 그것을 부인하는 자들은 적그리스도요, 거짓 교사들이
며, 양의 탈을 쓴 이리들로 복음의 진리를 변질시켰으니
그들과는 상종도 하지 말라고 명령한다. 이어 자신의 방문
계획을 밝히고 마지막 인사로 본서를 끝맺는다.

1) 거짓 교사들에 대한 경고 (7-9절)

그리스도의 성육신을 부인하는 자들은 속이는 자들이
요, 적그리스도로서 마지막 날에 사람들을 잘못 인도하는
악한 대적자들이다. 예수께서 그리스도이심을 부인하는
자(요한1서 2:22; 4:3)와 그리스도의 교훈에서 벗어나
자신들의 철학만을 주장하는 사람들은 믿음 밖에 있는 사
람들이다. 이렇게 경계를 하는 목적은 단순히 거짓 교사들
과의 개인적인 감정 때문이 아니라, 그리스도 복음의 순수

성을 그대로 간직하고 교회를 이단들로부터 지켜 보호하기 위함이다. 본문에는 당시 활동하던 거짓 교사들에 대한 사도 요한의 단호한 태도가 분명하게 나타나 있다. "미혹하는 자"(7절)는 복음의 진리를 왜곡해서 성도들이 신앙으로부터 멀리 떨어져 나가도록 인도하는 자를 의미한다.

8절에서 "우리가 일한 것을 잃지 말"라는 말은 요한과 동료 사도들이 수고하여 얻게 한 믿음과 사랑을 잃지 말라는 것이다. 온전한 상이란 종말, 즉 그리스도의 재림 때 주어질 상급으로써 요한의 종말론적 관심이 분명히 드러나 있다.

"그리스도의 교훈" (9절). 육신을 입고 오신 아들을 시인하지 않는 것은 하나님의 진리에서 탈선하는 것이다. 아들을 시인하지 않고 아버지를 모실 수 있는 방법은 없다. 아들을 잃는 자는 아버지를 잃는다. 또한 아버지를 안다고 하면서 아들을 모르는 자는 참으로 아버지를 아는 자가 아니다. 그 이유는 아버지와 아들은 하나이기 때문이다 (요한복음 10:30).

2) 거짓 교사들을 피하라 (10-11절)

"집에 들이지도 말고 인사도 하지 말라" (10절). 순회 전도자들을 잘 대접하는 것은 당시 교회와 성도들의 매우 중요한 의무였다. 그러나 이단들을 집에 들여서 호의를 보이면 조그마한 호의도 죄가 된다. 이만큼 기독론은 중요하다. 그것은 교회가 예수 그리스도에 대한 분명한 신앙고백 위에 그 터를 두고 있기 때문이다. 또 그러한 신앙고백은 오직 성령으로 말미암는 것이므로 그리스도를 부인하는 것은 곧 그들 안에 성령님이 계시지 않다는 것을 증거하는 것이다. 교회의 후대(hospitality)는 초기 교회의 교사들이나 순회전도자들에게 필수적인 것이었다 (요한3서 5-8절). 그러나 적대자들을 후대하는 것은 그들의 가르침을 증언해 주는 일이 되는 것이다. "참여한다"는 것은 이단들과 교제하면서 그들의 활동에 동참한다는 뜻이다. 순회하는 거짓 교사들은 매우 위험하다. 그래서 성도들은 그들을 후대해서는 안 된다.

III. 축복과 방문약속 (12-13절)

먹과 붓으로 쓰는 것보다 대면하는 이유는 전할 말이 많기에 (요한복음 20:30; 21:35), 그리고 직접 방문하여 기쁨을 충만케 하기 위해서다 (요한1서 1:4).

2. 생활 속의 이야기

일제시대에 이 사람은 혼자 성경 읽다가 예수님에게 심취해서 예수님처럼 기도하려고 산에 올라가서 3일 동안 식음을 전폐하고 기도하는 중, 눈이 내리고 길을 잃게 된다. 산 속에서 헤매다가 불빛을 보고 들어가려다 보니, 나병 환자(문둥이)의 집이다. 날은 추웠고 그는 오한과 심한 열로 앓다가 잠이 든다.

다음날 아침 물을 달라 하려고 생각하니 나병 환자가 사용하는 그릇으로 물을 마실 수가 없었다. 그러나 그는 결국 물을 달라고 해서 먹고는 또 다시 혼수상태에 빠진다. 다시 눈을 떴을 때 그 나병 환자가 수건을 머리에 얹어 놓고 간호하고 있다. 그는 몸이 나아진 것을 발견하고는 그곳을 빨리 떠나야 하겠다고 황급하게 그 집을 나온다. 그 집에서 한 100미터 쯤 가다가 생각한다. "병들어 죽어가는 저 나병 환자가 왜 나 같이 건강한 사람을 살렸을까?" 자기는 죽어가면서도 다른 사람을 살려내다니! 그렇다! 저 나병 환자야말로 예수님이다! 자기 몸은 죽더라도 타인을 살리는 예수시다! 내가 지금 예수를 본 것이다!" 그는 다시 나병 환자의 집으로 가서 무릎을 꿇고 잘못했다고 용서를 빈다. 그리고 그 나병 환자로부터 그가 경험하고 있는 인생의 어려운 이야기와 일반 사람들과는 다르게 사는 그의 모습을 보게 된다.

그 뒤 그는 나병 환자를 보면 데려다 놓고 치료를 하는 동광원이라는 예수마을을 세운다. 그가 그곳에서 그들을 제자로 양육하면서 계명을 만들어 지도한다. "약을 쓰지 말라!" "결혼하지 말라!" "고기를 먹지 말라!" 등등. 그러다가 그는 어느 날 이 말씀 "내가 사랑한 것 같이 사랑하라"는 사랑의 계명을 깨닫는다. 그 후 제자들을 부르더니, "이제 약을 써라" 하며 제자 중에 팔이 썩어 들어가는 제자를 위해 약을 주고, "고기를 먹어라" 하면서 제자들이 보는 앞에서 고기를 썰어서 주고, "결혼도 하라"고 지시를 내린다. 그는 계율이 중요한 것이 아니라 사랑이 중요하다는 것을 깨닫고 바로 예수처럼 사랑하라는 말씀을 실천한다. 그가 마지막 때 유언으로 이렇게 말한다. "내가 죽거들랑 내 시체를 거적더미에 말아서 짐승들이 먹도록 밖에 버려라. 그래서 절대로 내 이름을 남겨서는 안 된다. 오직 예수 이름만이 남아야 한다."

(이현주 목사로부터 직접 들은 구전 口傳 이야기)

3. 묵상을 위한 질문

다음 글을 읽고, 내 삶에 있어서 어떻게 주님과 생활할 것인지 서로 말해 보자.

믿음은 결혼식을 하는 것과 같다. 신랑이신 예수님과 신부된 우리가 결혼하는 것이다. 우리가 신랑 되시는 예수님과 결혼하여 부부가 되었으니 부부생활을 해야 할 것이다. 신랑이신 예수님과 신부인 우리가 결혼하여 부부가 되었으니, 이제 무엇이 필요하겠는가? 부부로서의 사랑이 필요하다. 이 사랑은 영원하다 (오르띠즈). 이 사랑이 없으면 우리의 결혼생활은 깨진다. 이것이 없으면 결별하게 되고 우리는 예수님을 믿지 않는 상태에 빠지게 된다. 그러므로 믿음이라는 결혼식은 사랑이라는 부부생활을 통하여 완성되는 것이다. 여기에 한 가지 덧붙일 것은 주님은 그 부부의 대상으로서 눈에 보이는 이웃 형제를 사랑하는 것이 곧 주님을 사랑하는 것(마태복음 25장 32-46)이라고 한다. 이래서 신앙이 일치가 되는 것이다.

4. 결단에의 초대

주님처럼 사랑 안에서 진리를 행합시다!

제8과
사랑과 증거
요한3서

1. 성경 이해

그들이 교회 앞에서 너의 사랑을 증언하였느니라
네가 하나님께 합당하게 그들을 전송하면 좋으리로다
(요한3서 1:6).

사랑이 교회의 진리 증거다!

사랑은 교회의 진리 실천이다.

요한3서는 사랑의 교리에 대한 토론이 더 이상 없는 대신, 이미 사랑의 계명대로 사랑을 실천, 증거된 특정한 수신자 가이오에게 쓴 개인 편지다.

주제	진리를 증거			사랑을 증거	우리의 증거		
구성	1절	2절	3-4절	5-8절	9-12절	13절	14절
내용	사랑	기도	기뻐함	칭찬, 권면	경고	해명	결론
구성	사랑하는 가이오	사랑하는 자여	사랑하는 자여	사랑하는 자여			
요절	6절: 그들이 교회 앞에서 너의 사랑을 증거하였느니라.						
핵심 단어	진리, 행하라, 사랑의 증거, 선한 것, 악한 것, 영						

요한3서가 기록된 목적은 진리 안에서 영적으로 범사에 강건하여 교회 앞에 사랑을 증거한 가이오를 칭찬해 주고, 거짓 교사들과는 달리 무급(無給)으로 다니면서 복음의 진리를 가르치는 순회전도자들을 잘 대접하도록 권면하기 위해서이다. 또한 공동체를 가르고 교회의 권위에 도전하는 악한 행동을 한 디오드레베를 책망하고 그의 악영향에 대응하기를 바라는 의도에서 쓰여졌다.

요한3서의 주요 주제는 증거이다. 사랑의 증거, 즉 진리 안에 행하라는 권면이다. 증거에 관하여는, 먼저 사랑하는 가이오가 가진 진리의 증거 (3-4절, 진리 안에서 행하는 것), 교회 앞에서 가이오가 가진 사랑의 증거 (6절), 데메드리오가 뭇 사람을 맞아들일 것을 증거하고 있다. 이 서신은 데메드리오를 통해 전달되었다. 본서는 어떤 시대에도 존재하는 교인들 사이에 일어나고 있는 분리와 싸움의 문제에 대처한다.

초대교부들이 사도 요한의 저작으로 인정한 요한3서의 기록연대는 요한2서와 동일하게 주후 90-110년경 에베소에서 기록된 것으로 알려지고 있다. 요한3서는 진리를 전파하기 위해 각지를 다니던 순회전도자들과 초대교회 성도들이 순회전도자들을 후대해 준 그들의 태도를 보여주는 귀중한 자료역할을 한다.

"진리"란 말이 많이 언급되어 있는데 이는 그리스도께서 진리의 근원이시며, 진리가 육신을 입으신 분임을 단적으로 보여주는 것이다. 성도의 내면에 거하는 진리는 사랑을 통하여 구체적으로 표현되어야 하며, 그래서 사랑을 통하여 표현된 진리는 성도들이 진지하게 생활을 하느냐 못하느냐에 따라 그 진위가 드러난다.

I. 가이오에 대한 칭찬과 권면 (1-8절)

1) 사랑하는 가이오에 대한 문안과 축복 (1절)

요한은 자신이 파송한 순회전도자들로부터 가이오의 선행과 따뜻한 환대 소식을 접하고 "사랑하는"이란 말을 네 번이나 쓰면서 그가 사랑을 증거하고, 진리 안에 거하고 있음을 칭찬한다.

가이오는 로마인들이 많이 사용하던 이름이며, 그는 공동체의 한 리더로 추측된다. 발신자 요한이라는 장로는 요한복음이 쓰여진 요한 공동체의 리더다. 장로는 가이오의 건강을 빌면서, 그가 그리스도 안에서 하나님의 계시에 따라 살고 있음을 칭찬한다.

2) 가이오가 진리 안에서 행함을 칭찬 (2-4절)

가이오의 영혼이 잘됨은 그가 진리를 증거하고 있기 때문이다 (2-3절).

교회에 깊숙이 침투해 있는 두 가지 병폐가 있다면, 하나는 범사에 형통하는 것과 육적 건강이 영적으로 성공했다는 척도가 되어 있다는 것이고, 또 다른 하나는 영은 거룩하지만 육은 악한 것이므로 영만 잘되면 된다는 병폐이다. 첫 번째 오해는 물질주의 숭배에서 나온 것이고, 두 번째 오해는 영지주의적 이원론에서 나온 것이다. "내 자녀"(4절)라는 표현은 장로가 공동체에 대한 권위를 나타낼 만한 자격을 갖고 있음을 보여준다 (요한2서 1절; 요한3서 13절). 여기서 요한의 참 목자상을 볼 수 있다. 참 목자의 가장 큰 관심은 "양들"이 과연 진리 안에서 행하고 있는가 하는 것이다. 그러나 거짓 목자의 관심은 살진 양과 그 기름에만 있을 뿐이다 (에스겔 34:1-6).

3) 가이오의 사랑이 증거됨 (5-8절)

"나그네 된 자들"은 순회전도자들이다 (5절). 이들은 가이오로부터 대우를 받았다. 이들은 그리스도의 복음을 위하여 자신의 모든 것, 즉 가족과 일, 심지어는 생명까지 내놓은 자들로 교회가 이들을 대우하는 것은 곧 복음 사역에 동참하는 것으로 당연한 의무다. 6절은 요한이 "교회"라는 단어를 쓴 첫 번 구절이다.

주의 사역자들에 대한 신자들의 태도 및 의무가 잘 드러나 있다 (6-8절). 6절의 "전송"(provision)은 여행에 필요한 음식과 의복, 돈을 제공해 준다는 말이다. 복음 안에서 순회전도자들이 전도여행 하는 동안 정성껏 예우하여 필요한 생계 수단, 동역자 등을 제공하여 돕는 것을 의미한다. 그러나 순회전도자들의 바른 자세는 불신자, 개종하지 않은 자들로부터는 아무 것도 받지 말아야 한다. 오직 "주의 이름을 위하여" 수고하는 순회전도자들을 더욱 열심히 도울 것을 촉구한다. "함께 일하는 자가 되게"는 복음 사역을 물질로 돕는 일은 복음 사역의 동역자가 되는 것(빌립보서 1:7)을 말한다. 이러한 도움은 상급의 약속이 있으며, 하늘에 보물을 쌓아 두는 것이다.

II. 디오드레베를 책망함 (9-15절)

1) 디오드레베의 교만 (9-10절)

"으뜸되기를 좋아하는 디오드레베"(9-10절)는 지배욕과 인간적인 허영심이 강해 사도들의 권위에 대항하고 교회에 갈등을 일으켰던 인물이다. 그는 그의 교만 때문에 요한의 측근자들을 비방했을 뿐만 아니라 그 측근자들을 돕는 사람들을 교회에서 내쫓기도 한 사람이다.

2) 가이오는 디오드레베를 본받지 말라 (11절)

선행하는 것은 사랑하는 것(요한1서 3:10-12)이고, 하나님을 뵙는 것이다 (요한3서 11절). 성도들에 대한 사도 요한의 권면은 악을 멀리하고 선을 본받으라는 것이다. 사랑은 자기가 흠모하고 모방하는 대상을 닮기 마련이다. 우리의 위대한 본은 예수 그리스도(에베소서 4:1-2)이시며, 우리의 앞서간 신앙의 선배들은 우리의 좋은 본이 된다. 데메드리오를 본받으라 (12절).

III. 축복의 결어 (13-15절)

본문에서 요한은 데메드리오의 신실성과 충성을 입증하는 세 증거(신명기 19:15)를 소개한다.

1) 뭇 사람의 증거: 요한과 데메드리오가 관계했던 여러 교회의 데메드리오에 대한 칭찬.

2) 진리에 대한 증거: 데메드리오는 계명에 일치하는 삶으로써 신뢰의 증거를 받았다.

3) 우리(요한)의 증거.

성도가 선한 일로 본을 보여야 할 두 가지 이유가 있다. 첫째는, 다른 성도들의 유익을 위해서이고, 둘째는, 교회를 대적하는 자들로 하여금 교회를 책잡지 못하게 하기 위함이다 (디도서 2:7-8).

15절의 "친구들의 이름을 들어 문안하라"는 개별적으로 이름을 부르면서 성도 간에 서로 문안하라는 말이다.

2. 생활 속의 이야기

"사랑 실천의 교회…"

우리는 교회역사를 통해 계속되는 신앙의 논쟁을 볼 수 있다. 그 신앙 논쟁은 초대교회 바울과 야고보의 논쟁으로부터 시작되었다. 바리새인의 삶을 살다 변화된 바울은 개인적 체험을 통해 인간의 노력이 얼마나 부질없는 것인지를 깨달아 모든 것이 하나님의 전적인 은혜임을 강조하였다. 그리고 바울과는 달리 예수님의 형제였던 야고보는 예수님의 사랑실천을 보고 배우며 그 사랑실천에 신앙의 중점을 두고 행함이 없는 믿음은 죽은 것이라고까지 말하였다. (이것을 성서적으로 종합 일치시킨 분이 바로 웨슬리 목사이다.)

웨슬리는 영국의 귀족들이 예정론을 내세워 그들만이 선택받은 사람들이고 가난한 평민들은 선택받지 못한 버려진 존재들로 취급하는 사랑이 식어버린 교회, 즉 사회적 어려움을 외면하는 교회 속에서 소외된 작은 자들에게 불타는 사랑의 마음을 갖고 있었다. 웨슬리는 하나님의 은혜는 모든 사람에게 동일하게 열려있음을 주장하는 만민구원론을 통해 하나님의 뜻은 만민을 구원하는 것이며 그 하나님의 구원은 각 사람의 응답에 따라 구원에 이르게 된다는 신학을 전개했다.

웨슬리는 당시 기존 교회에서 주장하는 교리적 논쟁에는 관심이 없었으며, 사랑의 실천에 온 열정을 쏟아, 교회 안에서 교회 밖으로, 지역에서 세상으로, 내적 경건과 외적 사랑의 실천, 즉 개인구원과 사회구원을 동시에 강조하였다. 그러나 무엇보다 우리 자신이 하나님 앞에서 온전해야 함을 주장하며, 경건한 삶의 목표를 성화로 두는 신앙 생활을 하기를 강조하였다. 또한 체험적 신앙을 강조하여 우리가 하나님에 관해 아는 것보다 중요한 것은 하나님을 체험하는 것, 또 우리가 하나님의 자녀라는 사실이 중요하며 그리스도에 관해 아는 것보다는 그가 나의 구세주가 되심을 아는 것, 그리고 우리를 완전에 이르게 하시는 하나님의 사랑을 깨닫는 것이 중요하다고 역설하였다. 웨슬리는 성경적 지식이 없는 신비주의를 경계하며, 규칙적인 신앙의 훈련과 사랑의 실천을 몸으로 실천한 사람이다. 우리도 아는 것에서 하나님의 사랑과 은혜를 깨닫고 사랑을 실천하며 하나님께서 마음껏 쓰시도록 우리 자신을 드리는 삶을 살아가자."
—김정호 목사 (아틀란타 한인교회, 두란노 소식에서)

3. 묵상을 위한 질문

주님과 얼굴을 대할 때, "내가 보낸 세상에서 얼마나 나와 사람들을 사랑하다 왔느냐?" 하고 물으시면, 나는 어떻게 대답하리라고 생각하는가?

4. 결단에의 초대

하나님은 사랑이십니다. 그러므로 우리가 서로 사랑합시다! 교회와 함께 그 사랑을 증거해 나갑시다!

www.ingramcontent.com/pod-product-compliance
Lightning Source LLC
Chambersburg PA
CBHW010918040426
42444CB00016B/3447